劉明凡◎著

一本幫助找回自己的光明書

原書名：轉念就是轉運

前言

你是誰？

你在做什麼？

你在哪裡？

要是你能回答這些問題，就可以開始這個「你是誰」的遊戲了。玩這個遊戲時，你必須先看看自己還有熟人的照片。猜猜，他們正在做什麼？在什麼地方？

這只不過是一個培養孩子語言能力的遊戲。但生活中有誰問過自己：「你在做什麼呀？」或許我們從來就不會有這種習慣——做一件事之前，先問問自己在做什麼，正因爲如此，我們總是不停忙碌，卻不知道自己究竟在忙些什麼。於是開始抱怨生活：別人怎麼能成爲百萬富翁、億萬富翁，而自己付出了那麼多的努力，卻還在溫飽線上掙扎，爲什麼這麼不公平呀？

其實，上天對每個人都是公平的，眞正能把握你的未來和你的一生的是你自己。你應該對生命中一些不能不知道的問題做出很好的詮釋，然後在每做一件事之前，先問問自己——你在做什麼？

美國國際管理集團的創建者馬克・H・邁克是世界一流的管理專家，據他說，他從一位好朋友身上學了不少東西。

這位朋友是位出類拔萃的推銷員，只要他一出面，他的魅力就充滿每個角落，你只有把錢花光才會離開。不過他的長處僅此一點，他在其他方面，比如說對產品的研發、企業的戰略發展、團隊的建設管理方面可以說是一竅不通。

這種人原本可以成為明星級的銷售經理，但絕不可能是企業家。然而這位先生是位自欺欺人的大師，他高估了自己的能力。連續十年，他不斷組建自己的公司，而後就是不斷地關閉。

更諷刺的是，他認為自己非凡的銷售才能是人人都具備的。對他來說，銷售是最簡單不過的工作，他認為這對別人也是一樣。於是他待在辦公室裡負責管理，讓別人去跑業務，結果公司沒有一個人發揮出自己的特長。

從中，你是不是明白了什麼？

每個人都應該給自己的人生一個定位，確定自己能做什麼，怎樣才能做到最好並為之努力不懈。

本書將為讀者指出人們常犯的錯誤、不能成功的原因，對人生的生活態度做全方位的剖析，從中你將對自己的人生有全新的認識，知道自己在做什麼，明白自己能做什麼，給自己最適切的定位；從此，你將不再迷茫，不再徘徊，更清楚地看清自己的人生，用眞實的感受去面對新的生活。

開卷有益，願大家都有一個美麗的人生！

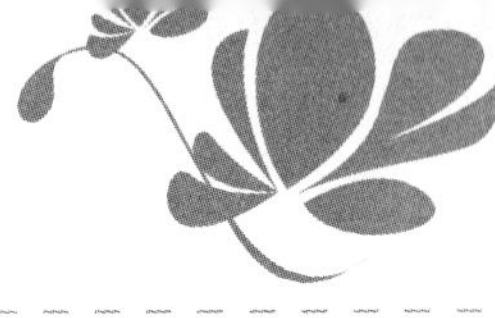

目錄

第一章　生活中的「盲點」

白馬隨唐僧去西天取經歸來，名噪天下，被譽為「天下第一名馬」。昔日朋友眾馬驢豔羨不已。白馬說：「其實我去取經時大家也沒閒著，甚至比我還忙，我走一步，你們也走一步。只不過我目標明確，十萬八千里走了一回，而你們在磨坊原地踏步而已。」眾馬驢愕然……

第二章　找出不足的因素

知道你為什麼總會失敗嗎？因為你走錯了方向。古語云：「差之毫釐，謬以千里。」明白了這些，也許你就會對自己、對生活有更深刻的認識。

第三章　你學會放下了嗎？

得到難，放棄更難。吃水果的時候，我們往往先挑過熟的吃，好的放在最後才吃。但是等我們把不好的吃完了，好的也變壞了。

目錄

第四章　不做和豬打架的人

「不要和老鼠比賽，不要和豬打架。」也許我們看到這句話會發笑：可能嗎？我怎麼可能會做這麼蠢的事？但生活中的你，說不定哪天就會犯這樣的錯誤！

第五章　知道自己是幸福的

其實，財富無處不在，我們都是幸福的。現在的不如意、逆境、挫折乃至苦難，都是我們的財富！在逆境中，我們會承受各種考驗與錘鍊，百鍊成鋼，成就我們非凡的意志和能力。逆境並不可怕，可怕的是你把它看成結局而不是過程！

第1章

生活中的「盲點」

白馬隨唐僧去西天取經歸來，名噪天下，被譽為「天下第一名馬」。昔日朋友衆馬驢豔羨不已。白馬說：「其實我去取經時大家也沒閒著，甚至比我還忙，我走一步，你們也走一步。只不過我目標明確，十萬八千里走了一回，而你們在磨坊原地踏步而已。」衆馬驢聽之愕然……

1．保持自己的痛覺

如果在利益面前失去了自我，最後的結果很可能會是淒慘無比。因此，我們無時無刻都需要保持一顆清醒的頭腦，和居安思危的意識，只有這樣才能夠取得最後的成功。

一個年輕人想要向人請教成功之道，經人介紹去見一位成功的商人，商人正好在吃早餐，於是邀年輕人一起吃。商人指著桌上三塊大小不等的蛋糕對年輕人說：「如果每塊蛋糕代表一定程度的利益，你選哪塊？」

年輕人毫不猶豫地回答：「當然是最大的那塊！」商人笑了笑說：「那好，請吧！」商人把最大的那塊蛋糕遞給年輕人，自己吃起了最小的那塊。他很快就吃完了，帶著年輕人來到他的書房看書。到了下午，年輕人饑腸轆轆，於是很不耐煩地問商人，是否能告訴他成功的辦法。商人笑了笑說：「小伙子，餓了吧！到餐廳去，我馬上告訴你答案。」他帶著年輕人又來到餐廳，拿起桌上剩下的那塊蛋糕，得意地在年輕人眼前晃了晃，大口吃起來。年輕人馬上明白了商人的意思：商人吃的蛋糕雖然不如自己吃的那塊大，卻比自己吃得多。而這裡所說的蛋糕，每塊都代表一定程度的利益，所以商人得到的利益比這位年輕人多，且更具持久性。

人們常常會被眼前那個最大利益所迷惑，而忽視了其他小的、更具持久性的利益。認爲看得到的眼前利益就是最大的、最好的，因此不惜耗費大量的精力和時間在上面。然而，最終你將發現，如果用同樣的精力和時間去做其他的事情，雖然暫時沒有那麼大的利益，但最後加在一起的利益往往會比眼前所帶來的利益要多得多。

現實生活中，出現最大利益的時候，往往是「血腥味」最濃的時候，也正是風險最高的時候，更是最需要保持清醒的時候。雖說眼前的利益非常誘人，但要注意，獲利也要有一定的限度，才不會賠了夫人又折兵。

無論是個人還是企業，都不能只顧眼前的利益，而應該把眼光放得長遠，不要被眼前的利益迷惑，要有長遠的規劃，把近期利益與長遠利益互相結合，把理想與現實互相結合。不可一味追逐利益，唯有保持清醒的痛覺，才不會成爲「愛斯基摩人的盤中美味」。

這話怎麼說呢？

原來，愛斯基摩人利用北極的獨特氣候條件，發明了捕狼方法。他們首先在冰雪地裡鑿出一個坑，再將一把尖刀的刀柄放進去並略做固定，然後往刀子灑上一些鮮血，用冰雪把刀子埋好。一段時間以後，這個小雪堆很快就被凍成一座冰山，最後，他們往冰堆上灑一點血，就可以等著明天來收穫獵物了。

冰原上的餓狼在聞到血腥味後，很快就會來到冰山前。牠們聞到這裡的血腥味，以爲這裡面有一隻受傷倒斃的小動物。狼就開始用自己的舌頭舔冰堆上的血跡，希望能夠將冰堆舔開，儘快吃到埋在裡面的美食。不一會兒，牠們就舔到刀尖。然而，牠們的舌頭舔了半天的冰塊，已經被凍得麻木，沒有了痛覺，只剩嗅覺在告訴自己：血腥味越來越濃，馬上就能夠得到裡面的美味了。

於是，狼的舌頭麻木地繼續在刀尖上舔著，而牠只會感覺到血腥味越來越濃，卻不知道那血腥味來自自己的血，血腥味反過來刺激著牠更加賣力地舔下去……最終，狼因爲失血過多倒在冰雪裡，成爲愛斯基摩人的美食！愛斯基摩人正是利用饑餓的狼一心一意想得到食物的弱點，讓狼「乖乖」地躺在地上。

人類之所以能夠制服狼及其他動物，就是因爲人類比牠們多動腦子，這點區別決定了人和狼不同的命運。因此，我們無論在什麼樣情況下，都要保持一顆清醒的頭腦，讓自己隨時保有痛覺，不要做一隻刀口上的狼。

大陸戲劇導演胡偉民將著作送給友人余秋雨的時候，在扉頁上寫了一句話：「秋雨，請繼續鞭笞我，讓我永遠保持痛感！」

保持痛感，是一種人生境界；保持痛感，才能對生活、對人生有更深刻的認識。生活太甜蜜，讓人沈溺其中，安於現狀、不思進取，甚至在情感與物質中迷失自我。

現實生活中，有人扮演著愛斯基摩人的角色，有人則充當冰原上的老狼。股票市場正是上述兩種角色扮演最爲寫實的地方。很多專業機構具備雄厚財力，是所謂的「愛斯基摩人」，而小散戶處於相對弱勢，成爲「冰原上的狼」。

要知道，「血腥味」最濃的時候，正是風險最大的時候。也許你的利潤並不是最豐厚，但至少能夠保證自己不會成爲「愛斯基摩人」的盤中美味。

所以憂患意識最爲重要，古人說：「生於憂患死於安樂。」用現代的話來說，就是「要有危機意識」！我們都需要無時無刻提醒自己，保持痛感！只有這樣，方能立於不敗。

2．這些問題，你問過自己了嗎？

我們看到別人成功了，所以下定決心要向成功者學習，去模仿別人的做法。然而，結果卻並非如己所願。

爲什麼結局會這樣？其實，這正是因爲我們對自己還不瞭解，只知道一味地模仿別人，讓自己走進了盲點——有些問題是我們在行動之前，不能不去瞭解，不能不問自己的。我們可以問自己：我喜歡做什麼？我能做什麼？我想做成什麼？我現在能做什麼？我現在正在做什麼……

最重要的是明白自己：應該做什麼，能做什麼，正在做什麼，喜歡做什麼。只有釐清這些問題，才會明白行動的意義。

然而，一忙起來，我們就沒有時間再去想這些問題了。就像是在一家公司做會計的小李一樣，連日來的加班讓他幾乎忘了自己姓什麼，他一會兒登錄價格，一會兒稱重量。他也感到很無奈，有時候想著乾脆鬆手，離職算了，但最後還是忍了下來。他在公司工作快一年的時間，最大的收穫就是知道自己其實並不適合做會計。然而，儘管他想破了頭，還是不知道自己到底喜歡做什麼，能做什麼……迷惘徬徨中，他最終一無所獲！

其實，類似的人並不少見，他們每天非常忙碌，似乎連停下來想一想「自己喜歡做什麼，能做什麼」的時間都沒有，只是機械式地重複每一天，卻不知道自己已經迷茫了很久，也痛苦了很久，因爲他們不知道路在哪裡，將走向何方；他們一直不知道自己能做什麼，也不知道自己想做什麼，甚至不知道自己適合做什麼？只是漫無目的地走下去。

理想與夢想都是走向成功不可缺少的條件。每個人小時候，都有過屬於自己的夢想，有的想當科學家，有的想當音樂家，有的立志做警察……但當眞正走上工作崗位時，不少人會後悔自己的選擇，責怪自己一時糊塗或怨天尤人，而面臨再次的職業選擇時，他們還是會困惑，自己到底喜歡什麼、適合做什麼？

近年來的就業市場並不樂觀，許多大學生畢業以後很難找到理想的工作；另一方面，越來越多的企業卻苦於找不到所需的人才……這種尷尬局面的出現，就是很多學生在選擇自己的人生道路和職業方向的時候，出現了偏差與失誤。

正所謂「凡事預則立，不預則廢」，你無法選擇以何種身分來到這個世界，但你絕對有能力透過職業生涯上的努力來奠定自己在社會上的價值。所謂職業生涯，指的是一個人一生中所有與職業相聯繫的行為與活動，以及相關的態度、價值觀、願望等的連續過程，也是一個人一生中職業、職位的變遷以及工作理想的實現過程。而職業生涯的規劃有助於確立個人的奮鬥目標。職業生涯的規劃要根據自身的興趣、特點，把自己定位在一個最能發揮長處的位置，以便找到能夠發揮自己最大能力的事業。

那麼，到底要怎樣去選擇適合自己的職業呢？這需要從內、外兩方面因素來綜合考慮：自己到底想要做什麼？未來希望自己做什麼？

如果你不明白自己到底需要什麼，那麼你很可能會做出錯誤的選擇。

每個人都希望自己能夠做好自己的事，成為一名成功人士。但事實往往相反，如果你不能去做自己想做的事，就意味著痛苦即將來臨。這時，你不妨問問自己到底能做什麼？你希望自己以後變成一個怎樣的人——大富翁？藝術家？企業家？演說家？手藝超群的廚師？受歡迎的歌手？

事實上，每個人對成功的看法都不一樣。因為每個人都有著不同的特點，具備不同的需要、希望和價值觀，也有著不同的優點。若我們違背自己的本質，不尊重自己的獨特性，那麼不論我們怎樣努力，都將因此而永遠和成功絕緣。

成功與個人的本質密不可分。許多人犧牲了自己本意，去做那些自己不想做的事，這就是他們不能成功的原因。原本適合當老師的，卻做了一名企業家；本該是企業家的人，卻錯誤的當了一名老師；原本適合從事管理的人，卻去當推銷員……成功因而變得遙不可及。

假如你對自己的本質一點都不清楚，更不明白自己的需要，那麼你很可能會做出和你的需要完全相反的選擇。

個人的自我意識包括了許多方面，它包含你對自己的身體狀況、社會能力、智力等方面的看法，所有的一切都與你的生活目標息息相關。爲了扮演好自己的角色，你應該集中注意力去發掘你的自我意識。

西方有一句諺語：「如果不知道自己要到哪裡去，那麼你哪裡也去不了。」同樣地，一個不知道自己想做什麼的人，他通常什麼也做不好。所以，確立一個具體的職業目標和專業方向，清楚地知道自己未來想做什麼，是選擇職業最重要的先決條件。

做到這一點的關鍵就是認清自己，找到自己的興趣所在。俗話說：「興趣是人最初的動力，是最好的老師，是成功之母。」從事一項自己感興趣的工作，這本身就能給人滿足感，職業生涯也因此變得妙趣橫生。巴西球王比利視足球爲生命，他的執著讓他成爲世界矚目的球星——濃厚的職業興趣是一個人事業騰飛的引擎，而對興趣的無悔追求則是事業成功的巨大推動力。

但僅憑興趣來選擇過於衝動，你對某事感興趣並不代表你就有能力去做。比如說，導演李安、創作歌手周杰倫，以及球星王建民，他們所從事的職業可以說是衆多年輕人的興趣和夢想。但從事這些職業有其必備的個性和能力，不是光憑興趣就能夠把事情做好。因此，清楚自己能做什麼、適合做什麼，是選擇職業的先決條件。因爲每個人的能力及優勢不同，其適合學習的專業和從事的職業是有所區別的。

愛因斯坦因爲思考方式過於偏向直覺，因此沒有選擇數學，而是選擇了更需要直覺的理論——物理，做爲主攻方向。每個人都有自己的能力優勢和個性特質，都具有自己的強項和弱項，只有在充分認識自己的前提下，才能夠恰當地定位自己的專業方向和職業選擇。

認識自我是非常重要的，但是我們正生活在一個充滿不良影響的世界當中，這些影響時常會侵害到我們。如果你的自我意識得以甦醒，你就能抵制這些影響，使心靈保持寧靜，進而選擇自己的生活方式。爲了增強自我意識，我們必須創造出一個自我形象——一個能夠決定自己生活的人，一個把自己看作不受廣告、商業利益和其他事物所影響的人。一旦把自我意識化爲行動，你就有了眞實的自我，建設性思維就會像生活中的一座燈塔，使你過著自然和諧的生活。

你的生活目標是什麼？你到底想要尋找或得到什麼？只有明白這些，你才不至於違反自己的原則而受到傷害。

一個二十五歲的小伙子，因爲對自己的工作不滿意，跑來找大師諮詢。他說他想找一份稱心如意的工作，改善自己的生活。大師問：「那麼，你到底想做點什麼呢？」

年輕人猶豫不決的說：「我從來沒有思考過這個問題。我只知道我的目標不是現在這個樣子。」

大師接著問：「那麼你的愛好和特長是什麼呢？對於你來說，最重要的是什麼？」

「我也不知道，」年輕人回答說：「這一點我從沒有仔細思考過。」

「如果讓你選擇，你想做什麼呢？你眞正想做的是什麼？」大師針對這個話題窮追不捨。

年輕人說：「我也不知道自己究竟喜歡什麼，我想我確實應該好好思考。」

大師接著說：「你想離開現在的職位，卻不知道自己想去哪裡。你不知道自己喜歡做什麼，也不知道你到底能做什麼。如果你眞的想做點什麼的話，那麼，現在你必須拿定主意！」

大師對年輕人的能力進行了一些測試，他發現年輕人對自己所具備的才能並不太瞭解。大師知道，對每一個人來說，前進的動力都是不可缺少的，因此，他教年輕人培養信心的技巧，讓這位年輕人滿懷信心地踏上成功路。

現在，他已經知道自己到底想做什麼，也知道應該怎樣去做。他懂得如何做，也期待著收穫。他一定可以獲得成功，因爲沒有什麼困難能夠擋住他前進的腳步。

其實，許多人之所以一事無成，最根本的原因就是他們不知自己到底要做什麼。

3．做合理的事情

我們都覺得，自己應該為追求夢想而奮鬥一生，所以在每一個潮起潮落的日子裡拼命地追逐、努力著，美其名曰「為明天活得更好」。然而，總有一天等我們老了，才會發現這一生為了追逐那些身外之物外，失去了親情，或許因此也與愛情失之交臂。

很多人都在想著怎樣發大財，在他們眼裡只有錢才是最重要的。

一個人沒錢是寸步難行，但錢並不是萬能，有許多東西是錢所買不到的。而我們在達到自己理想的同時，也不要忘了放鬆一下，為自己與他人都留點自由的空間，不能貪圖太多，否則可能得不償失。

春秋時期，有一名魯國宰相，名叫季文子。

他身居高位，卻以儉為榮，從不鋪張浪費。他的住家非常簡陋，僕人也不多。

他常常叮囑家人：「不要搞浮華，講排場。粗茶淡飯就可以了，衣服不髒、不破就很好。」

有一次，他因爲公務在身，需要出門，就交代他的侄兒備車。等了很久之後，就直接向馬廄走去。

剛走到馬廄門口，他遠遠看到侄兒慌慌張張地將青草蓋在馬槽上，侷促不安的樣子。

季文子非常納悶，問道：「你在做什麼？」

侄兒支支吾吾地說不出話來。季文子上前一看，原來馬槽裡有糧食。

季文子非常生氣：「我已經說過，不許用糧食餵馬，有充足的草就可以了。許多窮人衣食都成問題，你竟還如此浪費！」

侄兒點點頭：「你說的道理我懂，我只是害怕別人嘲笑我們。」

季文子答道：「被嘲笑又如何，簡樸生活才是美德。」

這時，站在一旁的幕僚仲孫不以爲然地說：「大人做宰相這麼多年了，出入連一件像樣的綢緞衣服都沒有。餵馬，不給糧食，只給草。你每天乘坐瘦馬破車，難道不怕別人笑話，說你太小氣嗎？」

季文子嚴肅地對他說：「你之所以這麼認爲，是因爲你不懂得節儉的意義。一個

有修養的人可以克制貪念，因爲他知道節儉可以使人向上。相反的，一個人鋪張浪費，必然會貪得無厭。一個國家的大臣如能厲行節儉，艱苦奮鬥，必能上行下效，百姓齊心，國家也一定可以越來越強大！」

只有懂得怎樣生活，才能夠用正確的心態對待錢，方能更爲合理地進行投資。無論做任何事情都需要講究尺度，當你把貪婪的手伸向金錢時，它很可能會狠狠地螫你一口。知疼者驚悟；不知疼者，它的毒素會傳遍你的全身，讓你腐敗、墮落、消沈、犯罪，最後很有可能將你推上審判台。

只有善待錢的人，才會善待自己的生活。

有一個家庭，父親是大企業的總經理，母親是大學的教授，家庭經濟非常寬裕，兩人無論學問還是人品都很優秀。然而，他們的獨生子卻在監獄服刑。這是爲什麼？

原來，這對父母因爲忙著各自的事業，平時對兒子缺乏關心。兒子小時候非常乖，學業成績也很好，讓他們疏於家庭關係的經營。萬萬沒想到，兒子上國中的時候，因爲缺乏管教，與壞孩子混在一起，慢慢沾上了吸煙、喝酒、打架等等惡習，一發不可收拾……然而，他們竟然毫無察覺，直到警察找上門來。

他們試圖讓兒子迷途知返，但爲時已晚。他們感慨道：「如果今天讓我們拿所有的一切去交換孩子平凡、健康的正常人生活，我們會毫不猶豫地去做。當初我們在追求名譽、地位、收入、成就感的同時，卻忽略了孩子的教育問題……」

這眞是一個令人遺憾的諷刺啊！

不要把名譽、收入、成就看得太重，爲了自己的理想或是目標而放棄一些更重要的東西——有些東西哪怕付出再高的代價也無法換來！

一個年輕人總是抱怨自己時運不濟、生活不幸福，終日愁眉不展。

一天，一個鬚髮全白的老人走過來問他：「年輕人，幹嘛不高興？」

「我不明白我爲什麼老是這麼窮！」

「窮？我看你很富有嘛！」

「這從何說起？」年輕人問。

老人反問道：「假如今天我折了你的一根手指，給你一百萬元，你要不要？」

「不要！」

「假如讓你馬上變成九十歲的老人，給你一百萬元，你要不要？」

「不要！」

「假如讓你馬上死掉，給你一千萬元，你要不要？」

「不要！」

「這就對了，你身上的錢已經超過一千萬了呀！」老人笑吟吟地走了。

有些事情是需要用心去經營的，那是用錢買不到的，如果錯過了可能再也無法得到，結果只會讓自己後悔一輩子。

也許今天在某些方面付出一些時間與精力會讓我們少賺一些錢，但是我們今天透支所有賺來的錢，將來很有可能會連本帶利地花出去。與其這樣，還不如直接把錢投資於自己和家人的平安幸福、孩子的健康成長，這些就是最大的回報。

錢有很多的用途，但是我們無論如何都不能犧牲一些將來用錢也難以買回的東西。

小劉是一名「高級主管」，年薪百萬，職位與薪水讓人羨慕，但有天他突然辭職了。原來，他在一次例行健檢時發現，他的腎小球可能有點問題，如果不注意休息，會導致腎功能衰竭、尿毒症等，把他嚇了一跳。之前，他就時常感到疲勞，但是他仍然日夜辛勞著，不願休息……他從此休養了整整一年，直到身體完全復原。在另謀新職以後，他時時告誡自己不能太操勞——錢是賺不完的，生命卻只有一次！

即使現在賺了大錢，但若失去健康，錢再多又有什麼用？

4．建立充分的信任

信任可以說是一種精神交流，彼此把自身託付給對方。這不僅包含彼此之間的相互瞭解，還有相互認可。

取得別人的信任，或是信任別人，都需要一個過程。首先，我們需要學會約束自身，在道德規範、行業規範的約束內，用自己良好的聲譽提高自己的可信度。在信任的最初，必須經過探索的階段，雙方都會小心翼翼地進行試探，以便確定合作的安全距離。

其次，則需要以行爲做出可以信賴的表率。最平常的行爲往往能反映出個人或團隊的素質，如文化層次、道德水準、專業素質等等。因此，只有從根本上提升，才能夠贏得別人眞正的信賴。

僅僅是單方的付出是不可能建立信任關係的。合作的基石就是雙方都付出彼此的誠意，因此在合作中要學會的是「不懷疑」。在彼此的探索過程中，雙方都有了一定的磨合與認知，這個階段，互相懷疑是正常現象。一旦雙方確立了合作關係，就不要再相互猜疑。因爲懷疑不僅是沒有自信的表現，更是對自己工作的否定，會破壞合作氛圍。學會信任，並非一件簡單的事情。在學會信任別人的時候，更應當去信任自己，信任自己的能力，信任自己的眼光，然後才能夠義無反顧地相信別人。

在博弈論中有一個非常經典的案例——囚徒困境，讀來耐人尋味。

「囚徒困境」說的是兩個囚犯的故事。有兩個囚徒總在一起做壞事，後來被警察抓了起來。警察把他們分別關在兩個獨立的牢房裡進行審訊。在這種情形下，兩個囚犯都能夠做出自己的選擇：是與警察合作把同夥供出來，或是保持沈默，誰也不說出誰。這兩名囚犯心裡明白，如果他們都能保持沈默，就會被釋放。只要他們能夠堅持下去，拒不承認，警方就無法將他們定罪。但警方也明白這一點，所以他們就給了這兩個囚犯一點刺激：如果他們兩人中的一人背叛對方，告發他的同夥，他就能夠被無罪釋放，還能夠得到一筆獎金。而他的同夥則有可能會被求以最重的罪。當然，如果這兩個囚犯互相背叛的話，都會被判最重的刑責，誰都脫不了身。

兩名囚犯開始心慌了，他們問自己：是選擇互相合作還是互相背叛？表面上看，他們應該保持沈默，因爲這樣能得到最好的結果——自由。但他們不得不仔細考慮對方可能會採取什麼樣的選擇。A犯首先意識到，他根本無法相信他的同夥不會出賣他，讓他獨自坐牢。但他也意識到，他的同夥不是傻子，也會這樣來設想他。所以A犯的結論是，唯一理性的選擇就是背叛同夥，把一切都告訴警方，因爲如果他的同夥笨得只會保持沈默，那麼他就會是那個無罪開釋的幸運者了……最後，這兩個囚犯按照他們不顧一切的邏輯思維，得到了「獎賞」——坐牢。

信任是非常重要的。但有的時候，信任一個人需要很長的時間。因此，有些人甚至終其一生也沒能眞正的信任任何一個人。然而，從某種意義上來說，倘若你只信任那些能夠討你歡心的人，那樣的信任也是毫無意義的；倘若你信任你所見到的每一個人，那只能說明你是一個傻瓜；倘若你毫不猶豫地去信任一個人，那麼你可能會很快被人背棄；倘若你只是出於某種膚淺的需要去信任一個人，那麼接踵而來的可能是惱人的猜忌和背叛；但倘若你遲遲不敢去信任一個值得你信任的人，那你永遠都無法獲得愛的甘甜和人間的溫暖，你的一生也將因此黯淡無光。

信任是一種高尚的情感，信任更是連接人與人之間的紐帶。你有義務去信任另一個人，除非你能夠證實那個人不値得你去信任；你也有權受到另一個人的信任，除非你已被證實不值得那個人信任……

信任是一件非常美麗的事情，我們都非常清楚這點，卻往往要說些謊話，只爲了能在這個複雜的世界上生存下去，或是爲了滿足個人的虛榮心。所以我們不免懷疑別人也會騙你，使自己不能享受信任的關係，讓自己的內心受到折磨。

人與人之間應少一分猜疑，多一分信任；少一分虛僞，多一分眞誠；少一分冷漠，多一分熱情。只有信任，才可以爲我們帶來眞正的幸福而不是稍縱即逝的快感。只有信任才能爲我們贏得眞心的朋友而非酒肉朋友，只有信任才能爲我們帶來眞實的感受而非表面的幻想。

就算是同事間的相處，同樣也需要信任。在工作和生活中，人與人之間難免會有磨擦，難免有傷害和誤會，我們對此應「胸襟廣闊，磊落光明」，豁達一些，大方一點，該原諒的就原諒，該忘掉的就要忘掉！有人總是不信任別人，將別人往壞的方面猜想，對別人的缺點和錯誤總是以偏概全、冷嘲熱諷。不願寬容別人，往往也只會爲自己帶來痛苦。

在工作、生活中，都需要營造寬容、信任和理解的氛圍。在一個公司或者一個家

庭中，彼此的信任度越高，管理就越輕鬆，人際關係平和、單純，甚少矛盾、糾紛。當你和周圍的朋友、同事處於彼此信任的環境中，做起事情來效率十足，而你也會幹勁十足、工作愉快。

對於一個年輕人來說，如果想有所作爲，首先要取得別人對自己的信任。學會如何獲得他人信任，比擁有千萬財富更讓人自豪。

這個世界上，眞正懂得獲得他人信任方法的人少之又少。大多數人無意中在自己前進的康莊大道上設置了一些障礙，比如態度不好、缺乏機智、不善於待人接物，讓自己難以建立值得信賴的形象。

艾爾伯特．哈伯德曾經說過：「世界上的廢物有兩種，一種是沒有什麼東西可貢獻給社會，另一種是不知道如何把自己的優點展示出來。」博取信任的方法就是要把自己的優點展示出來，進而獲得所有你應該獲得的。在人際交往過程中，給人的第一印象往往是最深刻的。所以我們一定要注意自己給別人的第一印象。如果能做到與人初次見面就一見如故，那才妙之又妙。

成功的人不是那些才華橫溢的人，而是那些最能以親切和藹的態度給人好感的人。

人都有一種共同的心理，如果有人能使我們愉悅，即使事情與我們的心願相悖也沒關係。有很多時候，爲了取得信任關係，我們要想盡一切辦法來取悅對方，贏得信賴。

5．從現在做起

大多數人都明白有許多事情是我們必須做的，其中包括喜歡做的和不喜歡做的。既然如此，就不要一再找藉口拖延，我們最需要做的就是立刻行動。

一位美國作家說，許多人想寫作，九〇％的人想到過要寫，七五％的人想寫，四〇％的人非常想寫，二〇％寫了一點而後放棄，只有一〇％還在寫……最後只有二％的人最終寫出作品來。從九〇％到二％，我們看見大部分人只是有想法而已，但眞正付出行動的卻極少。藉口很多，太忙、沒有信心、不知如何開始……最後，寫作仍然是個夢想。

每一個人都渴望成功的陽光普照自己身上。可是現實生活中，大多數是一事無成的平凡者，他們心裡也總是存在同樣的感慨：想當年，我和某某是一起的，要不是……我早就……我本來能夠……如果當時我……該多好啊！實際生活中的他們又是如何呢？

早晨鬧鐘響起，該是起來跑步的時間了，可是今天實在是不想起床，乾脆就放自己一天假，再多睡一會兒吧！晚上下班回來吃完飯，本想多看一會兒書，學點新東西，可是無意間看了一眼電視，竟被劇情吸引住，乾脆明天再學吧——這個連續劇有四十多集，學習計劃早就被劇中女主角的眼淚給沖跑了；陪情人逛街，本打算只是看看而已，沒有想到商家在辦促銷活動，衣服打了六折……就這樣，這個月的儲蓄計劃又告吹了；星期天原來打算帶孩子去動物園看老虎和熊貓，可是朋友一早就打電話過來說「三缺一」——去打牌吧！於是……

所以，如果想要成功，單單靠設定目標是遠遠不夠的，即使你具備了知識、技巧、能力、良好的態度與成功的方法，比任何人都懂得更多，但不採取行動的話，一切美好的願望也都只是虛無縹緲、可望而不可及的海市蜃樓。

比爾．蓋茲曾說過：「想做的事情，就要立刻去做！」當「立刻去做」從我們的潛意識中浮現出來的時候，就應該毫不遲疑地付諸行動。二十一世紀是一個「快魚吃慢魚」的資訊時代，資訊傳遞飛快，「不進則退，慢進也是退」，只有快速行動，才能在激烈的競爭中獲得更有利的位置，把握住一個個轉瞬即逝的機會。

也許有人正爲陷入絕境而深深苦惱，心裡想要一份屬於自己的事業，實現自己的人生價值，卻從來都不行動；想要成功，想賺很多錢，想建立良好的人脈關係，可是從來都不努力；想健康，想充滿活力，想鍛鍊身體，可是從來都不運動；而且還經常給自己設立目標，制訂計劃，但是從來都沒有執行過……拖延和懶惰，最終結果只能是一事無成。

沒有成功者會是「言語的巨人，行動的侏儒」，他們都是行動家而非空想家。只有養成「立即行動」的好習慣，才能離成功的彼岸更近一步。

立刻行動既是一種良好的習慣和態度，也是每一個成功者共有的特質。任何事情一旦拖延，就會習慣性地拖延。一旦開始行動，通常就能堅持到底。俗話說，良好的開始是成功的一半。每件事的第一步是最重要的，行動永遠從第一秒開始，而絕對不會是從第二秒。

如果你從早晨睜開眼睛的那一刻就開始行動起來，一直不停地行動下去，對每件事都立刻去做。你會發現，自己整天都充滿行動帶來的充實感，只要持續兩個星期左右，你就會養成立刻行動的好習慣了。

立刻行動，能夠應用在人生的每一個階段，催促且鞭策你去做自己應該做卻又不想做的事情。不論你現在境況如何，只要用積極的心態去面對，立刻行動，成功就會屬於你。

誘惑是每一個人都難以抵擋的。就像是陷阱中的肉，釣竿上的餌。不要輕易放縱自己，更不能輕易向各種誘惑低頭，一定要堅持自己的防線和計劃，管理好自己的人生，給自己訂出計劃和紀律，嚴格地要求自己。這看似委屈了自己，強迫自己放棄很多生活的樂趣，不能夠生活得很隨意、瀟灑，其實我們都非常明白：眼前這種嚴格而有規律的生活，正是養成良好習慣，克服種種惰性，享受更好生活的前提。

每一個壞習慣的形成都不是一朝一夕，都有其形成的過程和巨大的慣性；每一個惰性的後面都有一個不小的誘惑，問題是你享受了眼前，便不能享受將來；「怕吃苦的人往往吃一輩子的苦，不怕吃苦的人只苦半輩子。」

就拿地圖來說，不論它多麼詳盡，比例多麼精確，如果你不行動，永遠不可能在這張地圖上邁出半步。拖延只會讓我們裹足不前。

所有勇者都深知，要想克服恐懼，就必須毫不猶豫地行動起來。只有這樣，我們才可以感到踏實。

螢火蟲只有在振翅的時候，才能發出光芒。不要把今天的事情留給明天，因爲明天還太遠。現在就開始行動吧！即使目前的行動不見得立刻帶來成功，但是依舊會有收穫。行動也許有時不能結出快樂的果實，但若不去行動，永遠都沒有果實可收穫。

立刻行動！立刻行動！立刻行動！從今以後，我們需要一遍又一遍，無時無刻重複這句話，直到成爲習慣，成爲本能。有了這句話，我們就能夠調整自己的情緒，迎接每一次挑戰。

如果猶豫不決，成功就會投入別人的懷抱。誰也不知道明天會發生什麼事，所以請立即行動起來，你就一定能夠獲得快樂和成功！

行動起來吧！不要隨意地放縱自己，更不要輕易向生活中的各種誘惑低頭，一定要堅持自己的防線和計劃，管理好自己的人生。當然，過去的事情與光陰再去追悔已然無用，「往者不可追，來者尤可諫。」明天還有很多的路程要走，趕快爲自己設定一個目標吧！命運是每一天生活的累積，小事情是影響大成就的關鍵。人們不能掌握命運，卻可以規劃時間，管理好自己每一天的行爲，而所有的一切累積在一起，就構成一個人的命運。每個人都是自己命運的編劇、導演和主角，我們有權利把自己的人生編排得波瀾壯闊、華彩四溢。既然我們擁有這偉大的權利——選擇的權利，爲什麼不好好把握呢？

今天你幾點起床？今天你怎樣安排時間？今天你怎樣待人接物？今天你穿什麼衣服……生命的多姿多彩由你自己決定！

6．做最切合實際的事情

許多人都在追求優秀和完美的人生，但「金無足赤，人無完人」，優秀只是相對於別人的某些方面來說的。處處和別人相比，以別人的成功作爲自己的追求，卻又不考慮自身的實際能力，就會成爲一種心理壓力，甚至讓自己陷入更深的困境之中。因此，在做任何事之前，都應該具備一個良好的心態，根據自己的實際能力來確定自己所追求的目標，只要盡了最大的努力，最後不管成功與否，都可以無怨無悔。

四十多歲的張三從沒有做過餐飲生意，但是他在失業以後，沒事可做，看著別人開餐廳很賺錢，於是動了心，四處籌集資金，又用房子抵押貸了一筆款，接了人家轉讓的餐廳經營起來。由於不善此道，加上不會經營，不到一年，餐廳就關門大吉，欠了一屁股債……李四的孩子上了國中以後，儘管十分努力也十分刻苦，但成績一直敬陪末座，父母不甘心，陪讀、斥責打罵樣樣來，星期天也不休息。結果孩子的成績不僅沒有進步，反而下滑了好幾名，差點成了班級的墊底……

一個人的能力是有限的，挑戰極限也要看實際能力，讓一個八十歲的老翁爬玉山、讓一個生病的男人去當太空人等，這些都是不切合實際的事情。

法國一家報社舉行了一次有獎益智競賽，其中有一道題目：如果法國最大的博物館羅浮宮失火了，在緊急情況下，只能搶救出一幅畫，你會搶救哪一幅呢？

問題刊出後，收到了成千上萬的答案，衆說紛紜，絕大多數人都認爲應該去搶救他們各自認爲最有價值的名畫。結果，貝爾納以最佳答案獲得了獎金——答案就是：「我會搶救離出口最近的那幅畫。」

成功的最佳目標不一定是最有價值的，而是最有可能實現的。

這個道理一經說穿，眞是再簡單不過，可是要想做到卻非易事。大多數時候我們並不會碰到「火中搶畫」這樣的危急時刻，但現實生活卻一點也不比它輕鬆。如果你對自己的目標設定錯誤，那麼你就會浪費諸多時間與精力。如果因爲目標設定不當，一再承受失敗的打擊，許多很有才華的人就只能平庸一輩子。

有個人因爲一件小事而被老闆炒了魷魚。他的能力出衆，短短的一年時間內，從一名普通職員做到只在老闆一人之下的副總，所以離開公司後，他向朋友揚言，憑他在公司累積的業務經驗，一定要找機會大顯身手，不再受別人的氣。他還到處和別人炫耀自己曾經的輝煌，暢想自己美好的未來……就這樣，他整日在回憶和設想之中虛度風華正茂的兩年，最後，他連基本生活都陷入困境。

顯然，在任何時候，都要好好地把握現在，更不可好高騖遠。許多運動員都渴望到國外去淘金，特別是一些年輕的球員，更是迫切希望走出國門到高水準的運動場去鍛鍊。這樣的心情可以理解，但問題是，走出去就一定行嗎？不是也有一些球員走出去後或者苦坐冷板凳，或者只能夠在「垃圾時間」得到一點上場的機會……儘管他們尷尬的處境有著不同的原因，但最重要的是自身實力不強。好高騖遠，看不起小本小利，想一步登天——這樣永遠也發不了大財。

拉利．華特斯是一名卡車司機，他畢生的理想卻是當一名飛行員。他高中畢業以後便加入空軍，不幸的是他的視力不及格，因此退伍時，看著別人駕駛噴射式戰鬥機從他家後院飛過，自己只能坐在草坪的椅子上幻想著飛行的樂趣。

有一天，拉利想到一個辦法。他來到當地的軍隊剩餘物資店裡買了一筒氦氣，和四十五顆探測氣象用的氣球。這種氣球非常耐用，充滿氣體時直徑達四英尺之大。在自家的後院裡，拉利用皮條把大氣球繫在草坪的椅子上，椅子的另一端則綁在汽車的保險桿上，然後給氣球充氣。

他又給自己準備了三明治、飲料和一支氣槍，以便於在想要降落的時候，可以打破部分氣球，讓自己緩緩下降。

等到一切準備工作完成以後，拉利就坐上椅子，割斷拉繩。他的計劃是慢慢升空，事實卻無法如此。當拉利割斷拉繩，他並沒有緩緩上升，而是像炮彈一般向上發射；他不但飛到了二百英尺高的天上，而且一直不斷在向上升高，直到停在一萬一千英尺的高空！在那種高度，他不敢貿然弄破任何一個氣球，他就那樣停留在空中，讓自己飄浮了大約十四小時，不知道該怎樣才能回到地面。

終於，拉利飄浮到洛杉磯國際機場的進口通道。洛杉磯國際機場位在海邊，到了傍晚，海岸的風向可能會改變。海軍立刻派出一架直升機去營救，但救援人員很難接近他，因爲螺旋槳發出的風力一再把那自製的新奇飛航器吹得愈來愈遠。終於他們停在拉利的上方，然後垂下一條救生索，把他慢慢拉了上去。

拉利一回到地面就被逮捕。當他被戴上手銬，一位電視新聞記者大聲問他：「拉利．華特斯先生，你爲什麼要這樣做？」拉利瞪了那個人一眼，滿不在乎地說：「人總不能無所事事。」

人總不能無所事事，這個道理似乎每個人都懂。但聰明人知道，目標必須切合實際，行動才會有效。

要知道，脫離了實際就如同天方夜譚。即使是忽略了一件微小的事實，也會因此而功虧一簣。因此，現實情況是做事的依據，絕不容許忽視。

無論做什麼事，我們都要切合實際，才能有所得。

7．做充足的準備

如果下定決心去做一件事，就必須做好充分的準備。當你下了一番準備功夫之後，原來普通的工人也會具備專家的水準，只有這樣才能夠有成功的機會。

兩名報童在某一地區賣同一份報紙，第一名報童很勤奮，每天沿街叫賣，嗓子也響亮，可是每天賣出的報紙很有限；第二個報童則肯用腦子，除了沿街叫賣以外，還每天堅持跑一些固定的地點，到了一個地點以後就先分發報紙給大家，過一會兒再來收錢。漸漸地，第二名報童的報紙越賣越多，第一名報童卻越賣越少，以致於不得不另謀生路。

第二名報童的高明之處在於：第一，如果侷限在一個固定地區，對同一份報紙來說，讀者群是有限的；第二，報紙不像別的消費品，隨機購買的機會很大，一般不會因爲品質問題而退貨，而且金額又小，人們不會因此爲難小孩子；第三，即使有些人看了報，退報不給錢，也沒有什麼關係，因爲積壓一些報紙的情況是不可避免的，即使如此，他還是有了自己的潛在客戶。

小小的賣報就有這麼多技巧與學問，而無論是跨國企業的大宗交易，還是街頭巷尾的小本買賣，其本質與原理都是一樣的：在抓住業務方向的同時，得在細節方面動一動腦筋。

我們無法預知自己的未是，要想天天走好運也是不可能的事。正因爲如此，我們才要有危機意識，讓自己無論是心理上還是實際作爲上都有所準備，好應付突如其來的變化！

伊索寓言有一則故事。一隻野豬對著樹幹磨牠的獠牙，一隻狐狸見了，問牠爲什麼不懂得享樂：「現在沒有獵人啊！」野豬回答說：「等到獵人和獵狗出現時再磨牙就來不及啦！」

做足準備是成功的前提。就如同想要捕到大魚，就要早早撒好網，等著魚兒到來。

做任何事情，只有在做足準備的前提下，才有可能走在其他人前面。準備周全的程度決定著前進的距離，走在最前面的總是那些有準備的人。

現今的社會處處都存在著競爭。在這種大環境下，有些人爲競爭而奔忙，但是最終也沒能戰勝競爭對手。爲什麼呢？因爲成功只找那些有準備的人。

兩個人走在森林裡，遇到一隻老虎。其中一個人馬上從背包取下一雙輕便的運動鞋換上。另外一個人喊道：「你幹嘛呢，再換鞋也跑不過老虎啊！」

換鞋的人卻說：「我只要跑得比你快就行了。」

這個換鞋的人非常聰明，因爲他知道自己的競爭對手是同伴而不是老虎，而他早就做好準備。

有準備的人一定會比別人領先一步，因爲機遇總是喜歡有準備的人。

人總認爲老天對自己不公，爲什麼自己的際遇會與別人相差萬里呢？這並非老天不公平，因爲每個人都有不同的機遇，而他們的不幸是因爲沒有做好準備，所以讓機遇白白的溜走了。如果機遇可以被每個人輕而易舉地得到，就體現不出價值了。

美國商人亨茲曼小時候，立志將來成爲一名商業集團的締造者。他還做了一些分析，知道從何處可以得到最好的背景，進而加強學習目標。就在確定了自己的目標以後，他有系統地開始設計自己的事業。他就這樣在大學念了四年，又在海軍服役兩年，然後以這些背景，開始在一家每年銷售額約五十萬元的中型公司工作。後來，他

又以實習生的身分加入一家農產品公司，工作五年後，便升爲副總裁。亨茲曼用聚苯乙烯來做實驗，生產出最好的裝蛋紙盒。一家大公司看到他的成果以後，提議與他們公司共同合作，因此兩家公司便合併成爲一家公司。他在三十歲就被任命爲新公司的總經理。擔任總經理職位三年後，他認爲該離開舒適的工作環境，繼續追求理想，最後成立了亨茲曼化學公司。

從這則故事可以看出，前期的準備工作對以後的成功是多麼的重要。靜下心來想一想，難道不是嗎？就像是尋找工作的人，只有做好了準備工作，才能出擊。又比如，一名職員應該充分利用企業的政策，參與各項重要的產業或專業研討會，透過瞭解這類研討會，豐富自己的經歷，進而充實自身的有利條件。

有一則消息說，日本東芝公司要從普天天芝合資公司撤資。這一消息顯示東芝要正式退出中國CDMA手機市場，該事件引起了業內人士對過去幾年日系企業一直處於中國手機市場二、三陣營的關注。甚至有人斷言，此事很可能會引起日系手機企業接二連三退出中國市場。

甚至有業內人士指出，在日本市場一直「大名鼎鼎」的三菱、松下等手機品牌，也有可能會在中國手機市場退至二、三線的命運。以三菱手機為例，雖然並未正式退出中國市場，但兩年來推出的新款式寥寥無幾，在市場上也少見其身影，與「退出」幾乎沒有什麼區別了。有人在詢問了十幾位手機用戶以後發現，他們當中幾乎沒有人知道市場上有「三菱」這個手機品牌，而且松下手機在中國市場的佔有率也很低。

為什麼原本一直保持著領先地位的日系手機企業竟然在中國市場如此落後，最致命的原因就是缺乏準備。這些企業在進入中國市場以前，並沒有做好市場調查，因此推出的產品不能適應中國市場的需求。

而在進入中國市場以後，日系手機企業並沒有準備好有效的市場戰略，他們只注重產品本身的功能和技術，忽略了必要的市場推廣和宣傳，造成中國消費者對於日系手機品牌的認知度明顯低於歐美系的手機品牌。

中國的手機市場匯集了歐美、日韓，以及當地上百個手機品牌。日系手機企業並沒有對其他品牌的產品進行仔細研究，也沒有對中國消費者的喜好進行詳盡調查，因此他們最後只能在激烈的競爭中處於下風。

中國的聯想家電品牌快速發展，正是因為聯想對市場做了非常詳細且周密的調

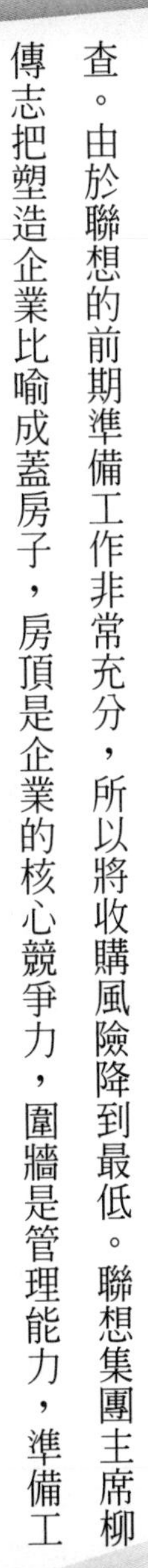

查。由於聯想的前期準備工作非常充分，所以將收購風險降到最低。聯想集團主席柳傳志把塑造企業比喻成蓋房子，房頂是企業的核心競爭力，圍牆是管理能力，準備工作則是房子的地基。要想讓房子牢固，就必須打好地基。

想要在競爭中走在前面，關鍵並不在於走得早，而在於先做好準備，只有這樣才能保證你在成功的道路上走得快、走得穩，最後才可能取得成功。

8．專注

做任何事情的時候，都要心無旁騖地鎖定目標，只有這樣才有可能更接近成功的目標。從另一方面來說，我們應該更專注於每一件事，即使事情再小，也能夠反映出一個人做事的風格和態度。

所謂的「敬業」，其實就是「做一行，愛一行，專一行」。敬業精神是指能夠承受挫折，堅持不懈，持之以恆。如果沒有這種精神，工作中的一點問題、一點挫折都足以使人唉聲歎氣：「看看別人，還是他們的職位好，要是能換一換就好了！」

只要所有員工都深愛著自己的職務，專注於自己的工作，企業的路途就會一帆風順。同樣的道理，如果你能夠專注於一件事，成功就不會太遠。

我們都渴望成功，但不少人感到成功很渺茫——怎樣才能摘取成功的桂冠？是不擇手段，還是一味等待？是橫衝亂撞，還是順其自然？這些猜想都很無聊！

做任何事情，都不能三心兩意，特別是關係到事業前途的大事，必須專一、勇往直前地做下去，把自己培養成某一方面的專家。

相傳科學家愛因斯坦曾多次迷路，因爲他不論是走路，還是做別的事，都在思考問題。法國科學家安培爲了不讓客人打擾自己工作，特地寫了張「安培先生不在家」的字條貼在門上。一次，他一邊走一邊思考問題，看到門上的字條時，自言自語道：「啊！原來安培不在家。」顯然，要想成就一番事業，你非專注不可。

在佈滿荊棘的成功路上，懶惰者會止步不前，愚蠢者會常走冤枉路，軟弱者會畏懼而退——唯有專注的人才能達到目的地，摘取成功的桂冠。

思想家愛默生曾經說過，全神貫注於你所期望的，必如所期。即使是天才，要想獲得成功，也必須具備專注的精神。

傳說中，夔是一種像龍一樣的獨腳怪獸，跳躍著前進，速度非常快。

某一天，夔與牛舉行一場賽跑，把牛遠遠拋在後面。比賽結束後，牛非常納悶，就問夔：「我有四條腿，怎麼跑不過你一條腿呢？」夔笑著回答：「正是因爲我只有一條腿，所以能夠專心地一直跳躍前進，自然就跑得比你快啊！」

現實生活中，很多人都像故事中的「牛」。有些人做什麼都三心二意，今天看著法律熱，就開始學法律；明天看著電腦好，又去學電腦；後天覺得藝術佳，就改學藝術了。結果，一事無成。

也有一些人，希望能夠多賺點錢，因此身兼數職，白天上班做行銷，晚上去跑保險，一天到晚不得休息，把自己搞得非常累，掙來的錢還沒有那些專心做本職工作的人多。所以，只有專注才能夠讓我們一路走好。

在企業經營管理領域，存在著多元化與專業化之爭。但不論是走多元化還是堅持專業化，凡是經營成功的企業，都有著在行業中領先的主業。一個沒有紮實主業基礎的企業，多元化只是陷阱。對於一個企業來說，專業化是生存之道。

提到可樂，大家首先想到的就是可口可樂和百事可樂；日本的任天堂公司只有二千人，卻生產了世界上八〇％的卡式遊戲機，壟斷了電子遊戲機行業的大部分知識產權。任天堂公司的總經理說：「我們沒有任何秘訣，成功在於我們只做遊戲機，堅持了五十年。」

其實，他是在告訴我們：成功並沒有秘訣，只要一心一意，持之以恆，就一定能夠成功。

當然，想要取得成功，首先必須清清楚楚地知道自己需要什麼，然後再做出發自

內心的決定，按照決定去做，這樣就能扭轉你的一生。

怎樣做到專注不分心呢？你需要做到以下三點：一、決定自己應該專注於哪些事情；二、知道這些事所具有的意義；三、明白自己應該如何去做。

9．善用你的時間

比爾．蓋茲曾說過：「我們都擁有足夠的時間，只是要好好利用。一個人如果不能合理、有效地利用時間，就會被時間所俘虜，最終一事無成。」

我們也許沒有比爾．蓋茲那般富有，但我們的時間和他一樣多。時間對任何一個人都是公平的，關鍵在於能不能合理利用時間、控制時間。

同一份工作，同樣的工作時間，同樣的工作量，爲什麼有人總是早一些完成並且做得更好。關鍵在於能否合理、有效地利用時間。會利用時間的人，工作起來效率高，而且還能夠迅速地解決問題。

美國當代趨勢專家馬克爾曾經說過：「觀察四周，看看速度是怎樣影響一個人成敗的，最後你會發現贏家往往是那些最善於利用時間、最講究效率的人。」

一寸光陰一寸金。很多人都明白這個道理，但是大多數人都不具備控制時間、有效利用時間的良好習慣。

每個人都深知時間的重要性，卻無謂地浪費很多寶貴的時間。合理有效的利用時間眞有那麼難嗎？其實不然，最關鍵的一點就是，我們沒有眞正掌握「控制時間」和「利用時間」的藝術。

做事有計劃的人能明辨輕重緩急，而且，他們也絕對不會在別人的上班時間，去和別人天南地北地談論一些與工作無關的話。美國老羅斯福總統就是一個典範。當只求見上一面的客人來拜訪他的時候，老羅斯福總是在熱情地握手寒暄之後，便很遺憾地說自己還有許多別的客人要接見。這樣一來，他的客人也就會很簡潔地道明來意後告辭。

那些大公司的經理，以及在各大企業集團工作的高級管理階層，大多養成了這種本領。許多實力雄厚、深謀遠慮的大企業家，都以沈默寡言和辦事迅速、敏捷而著稱。他們從來不願意在任何方面，多耗費自己一點一滴的寶貴時間。當然，他們做事待人的簡捷迅速、斬釘截鐵，有時會導致別人的不滿，但他們絕對不會把這放在心上。簡捷迅速，是一般成功者所具備的通行證。

在美國現代企業界裡，懂得以最少的時間去發揮最大效力的人，首推金融大王摩根。晚年的摩根仍然堅持每天上午九點三十分走入辦公室，下午五點回家。有人計算後，估計出他每分鐘的收入是二十美元，但摩根自己說不止。因爲他除了與生意上特別重要的人商談外，與他人的談話從來不超過五分鐘。

我們的身邊不乏經常遲到、早退或不能按時完成工作的人。這些人中，不乏有才華橫溢、能力突出的人，但最終還是因爲時間觀念過於淡薄而屢屢受挫。

要想超越別人脫穎而出，就必須具有時間觀念，認眞計劃且準時地去做每一件事情，這是職場中人走向成功的必備條件。如果你沒有時間觀念，不能有效的利用時間和管理時間，那麼，你很難奢望自己做好份內事，更不要談自己能否升職加薪了。

只要珍惜時間，不錯過一分一秒，就能大獲成功。拿破崙也說過，他之所以能擊敗奧地利軍隊，正是因爲奧地利軍人不懂得「五分鐘」時間的價值。

拿破崙在一次用餐中，邀請將士和他一起聚餐，但是各將士不能準時到達，所以他就獨自先吃起來。等到將士們姍姍來遲，拿破崙已經吃完飯準備離開了。拿破崙對將士們說：「諸位，吃飯的時間已過，現在我們應該立刻辦正事了。」

守時是非常重要的。職場中，有許多人因爲缺乏時間觀念，失去了很多建功立業的機會。

A先生曾是一家廣告公司的職員，他每天辛辛苦苦在外面招攬廣告業務。一次，在他的再三懇求下，一家高科技公司的經理答應在星期一上午十點，於辦公室與他詳細討論廣告合作業務。

A先生星期一去見這位經理的時候，比預約時間晚了二十分鐘，經理已經離開辦公室了。A先生為此非常惱火，埋怨經理不守信用，欺騙自己。

過了幾天，A先生在外面剛好遇到了那名經理。經理問他那天為什麼不準時來。A先生不但毫無愧色，還振振有辭：「經理！那天我十點二十分就到了。」

經理提醒他：「但我是約你十點來的呀！」

A先生狡辯說：「是的，我知道，我只是遲到二十分鐘而已，有什麼關係呢？你應該等我一下嘛！」

那名經理非常嚴厲地對他說：「怎麼沒有關係呢？你要知道，因為你不準時，我已接洽了另一家廣告公司。你認為我的時間不值錢，以為等二十分鐘沒關係。老實告訴你，在那段時間裡，我還預約了兩件重要的談判呢！」

經常遲到早退，就是對工作極不尊重的表現。你個人的遲到還會損害整個公司的形象，也可能造成雙方共同的損失。久而久之，你還能夠辦成什麼事呢？如果你想成就一番事業，不想在職場中苦苦掙扎、一事無成，就必須具備重視時間、準時做事的能力。

美國麻省理工學院曾對三千名經理做了一項詳細的調查和研究，結果發現，凡是成績優異的經理都能夠非常合理地利用時間，把時間的消耗降到最低限度。

如果想要在公司裡贏得老闆的賞識，就要獲得比別人更多的成就，所以必須更有效地利用時間。

一位美國的保險業務員自創了「一分鐘守則」，他要求客戶給自己一分鐘時間，好介紹自己的工作服務項目。一分鐘後，他便會自動閉嘴，並表示感謝。因爲他遵守自己的「一分鐘服務」，所以他在每一天的工作時間裡，做出了傲人業績。

「一分鐘時間到了，我說完了！」他信守一分鐘承諾，保住了自己的尊嚴，同時讓別人對自己保持興趣，還讓對方珍惜他這一分鐘的服務。

我們不僅要有效地利用時間，還要善於安排時間。時間是安排出來的。時間賦予每個人的一天都是二十四小時，你不善於安排，就會跟許多平庸的人士一樣，忙忙碌碌卻又只是庸庸碌碌地度過一生。

如果你想成功，就更應該做到善用每一分鐘的價值，還要善於找出隱藏的時間，並加以有效利用，讓自己做到不浪費每一分鐘。

一位保險公司的職員，幾乎每天都要開車外出推銷保險業務。他有一個非常好的習慣，就是善於利用空檔時間，即使在等紅綠燈或塞車時，都會拿出客戶資料看一看，以此來加深對客戶的印象。

一位總裁助理也是如此。他在車裡放了一把拆信刀，每次開車的時候總會帶著一疊信件，利用等紅綠燈的時間拆看信件。

有效利用時間就能夠在一定的時間內完成更多的事情。不管你用或不用，時間總是一樣的流逝，我們能做的，只是更有效地運用時間來達成目標。

大衛是一家顧問公司的業務經理，他一年能夠接下一百件案子，而他大部分的時間都是在飛機上度過的。大衛認爲和客戶維持良好的關係非常重要，所以常常會利用飛機上的時間寫短箋給他們。

有一次，一位同機的旅客在等候提領行李時與他攀談起來：「我早就在飛機上注意到你，二小時四十八分鐘裡，你一直在寫短箋，我敢說你的老闆一定以你爲榮。」

大衛笑著說：「我只是有效利用時間，不想讓時間白白浪費而已。」

時間就是金錢。能有效利用時間，就能在有限的時間內賺取更多的金錢。每個人每天都有很多的事務需要去處理，所以時間就顯得非常重要。如果你能合理分配並利用時間，在最短時間內，正確無誤地處理最多的事，你就等於比別人早起步，比別人擁有更多的時間——這正是創一番事業所不可或缺的。

找出不足的因素

你知道自己為什麼總會失敗嗎？因為你走錯了方向。古語云：「差之毫釐，謬以千里。」明白這個道理，也許你就會對自己、對生活有更深刻的認識。

1．你是否去嘗試了？

昨天與今天都不是人生的立足點，但是能夠把握住今天則是對生命最忠誠的體現。請不要因自身的平凡而歎息，更不要抱怨生活。並不是所有勇於嘗試的人都能夠成功，但對於一個沒有勇氣去嘗試的人來說，人生只是一場遺憾。

只要勇於嘗試，就意味著已經成功了一半。

絕大多數的情況下，人們對勇於嘗試、探索、進取的人總是持著欣賞和鼓勵的態度。更重要的是，不去嘗試，你就永遠不可能掌握新的本領與知識，只能在原有的圈子裡打轉。

嘗試，就像是人生中的一道檻，跨過去，就會風光無限。只有勇於嘗試了，才眞正活過。

沒有嘗試，就會顯露出人生的膚淺與蒼白。離開嘗試，就意味著沒有了思想之源。因爲嘗試能夠迫人思索，能夠逼人明知，能夠使人練達，才會有所發現；只有明知練達，而且富有創新精神的人，人生才會不平凡。

經歷一次嘗試，就是經歷一次演練，經歷一次登高。嘗試使人懂得生命得之不易，覺得每一份收穫都彌足珍貴。

也正是因爲嘗試，人們才體味到人生的艱辛，才能堅定執著地走下去；正是因爲嘗試，人們領悟到紅塵之紛繁，進而自信自強認眞地做人；正是嘗試使人明白了每個希望成功的人，都應做好各項受苦的準備。

無論是做生意、彈鋼琴，或是學衝浪，人們不可能一開始就達到出神入化的境界。但是偏偏有許多新人以爲自己在入行的第一天就應該變成超級新星，應該完全掌握整個局面。

有人說：「有時我想從事藝術，可是怕寂寞；有時我想做研究，又怕辛苦；有時我想登泰山，又怕太高；有時我想去東海，又怕風暴；有時我想學溜冰，又怕摔跤；有時我想去冬泳，又怕感冒。」人總是這樣，想得多，做得少。

許多人都害怕嘗試、害怕失敗。一個人想要做的事情實在是太多太多了，但總是在夢想，卻不能夠實現，結果只在心裡留下遺憾。

有一句話，「試試就能行，爭爭就能贏。」無論結果如何，只要盡全力散發自己的光彩，也就無愧於自己的人生了。

如果想從事藝術，就不要怕無聊；如果想要做研究，就別怕辛苦。世上沒有任何事是一蹴可幾的。勇於嘗試就有成功的希望，不敢嘗試就什麼希望都沒有了。

許多人就是因爲畏畏縮縮、雙腿發軟，不敢邁出關鍵性的一步——成功需要嘗試的勇氣。

每個人都有內在潛力，只要你嘗試了就有成功的希望。如果沒有去嘗試，一味地認爲自己不行，那麼你永遠都不可能有成功的機會，也許奇蹟會在嘗試的瞬間發生。

爲了追求完美的自己，我們要做的就是發揮自己所有的潛力，追逐最感興趣與最富熱情的事。當你對某個領域感興趣的時候，你會對它念念不忘；如果你對某事充滿熱情，就有可能爲此而廢寢忘食。若是到了這種境界，就不是單單爲了成功而工作，而是在不知不覺中把工作看作是一種「享受」。

相反的，如果做自己沒有興趣的事情，最後的結果只會事倍功半。即使你是靠著資質或才華把事情做好，你的潛力還是未能釋放出來。

一九七七年，比爾・蓋茲熱愛研發電腦軟體而放棄了大學學業。他大膽嘗試，爲夢想邁出了第一步。如果他當時留在哈佛繼續攻讀數學，並成為數學教授，你能想像他的潛力將被壓抑到什麼程度嗎？

二〇〇二年，比爾．蓋茲在領導微軟二十五年後，毅然把首席執行長的工作交給了鮑爾默，因為只有這樣才能投身於他最喜愛的工作——擔任首席軟體工程師。雖說比爾．蓋茲曾是一名出色的首席執行長，但就在他改任首席軟體工程師以後，他對公司的技術方向做出了重大貢獻。更重要的是，他更有熱情、更快樂了，同時給予了員工更多的鼓舞。

世界第二富人——華倫．巴菲特是比爾．蓋茲的好朋友，他也同樣認可嘗試與熱情的重要性。每當學生請他指示人生方向的時候，他總回答：「我和你沒有什麼差別。如果你一定要找出一個差別，那可能就是我每天都有勇氣做我最愛的工作。如果你要我給你忠告，這是我能給你的最好忠告了。」

比爾．蓋茲和華倫．巴菲特的成功給我們的啓示是：他們所在乎的並不是庸俗的名利，是他們的理想和勇於嘗試帶來名利。美國一所著名企管學院曾做過一項調查，結果發現，雖然大多數學生在入學時都想追求名利，但在後來擁有最多名利的校友裡，九〇％是入學時追求理想，而非追求名利的人。

李剛進入大學的時候，非常想從事法律或政治工作。但一年多以後，他才發現自己對此沒有興趣，學業成績也只在中上。反而是自己愛上了電腦，每天瘋狂地編寫程式，他的這一舉動很快就引起了老師、同學的重視。終於，在大二的一天，他為了理想，做出一個重大決定：放棄在全美前三名的哥倫比亞大學法律系已經修完的學分，轉入哥倫比亞大學並不突出的電腦系。因為他告訴自己，人生只有一次，不應浪費在沒有快樂、沒有成就感的領域，要為自己的理想去大膽嘗試。

成功有時候就藏在我們害怕去嘗試的那個錦囊裡，只有鼓起勇氣大膽去拆開，才有可能取得我們理想中的人生。

那些勇於嘗試的人一定是聰明人，他們不會輸。因為他們即使不成功，也能從中學到教訓。所以，只有那些不去嘗試的人，才是絕對的失敗者。

做任何事情都不可能是一帆風順，當我們身處困境的時候，也許會沮喪地想放棄，但只要我們有信心去面對就一定會有希望。正如古人所說的，「山窮水盡疑無路，柳暗花明又一村。」只要再堅持一下，希望就可能出現。大膽去嘗試，就有成功

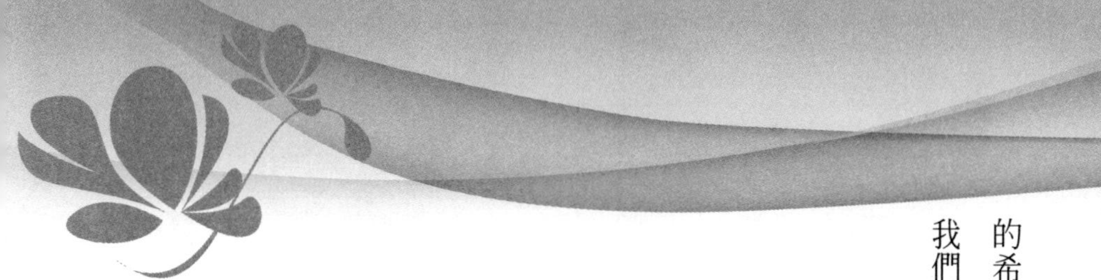

的希望；如果不去嘗試，則一點希望都沒有。即使嘗試後失敗了，也不必自責，至少我們嘗試、努力過了。

朋友，對於自己的人生，你嘗試過了嗎？

2．你總是輕易的放棄嗎？

爲什麼有人成功了，有人卻失敗得一塌糊塗？所謂可憐之人必有可恨之處。而這可恨之處又體現在哪裡呢？正是動物本能的惰性、小毛病與壞習慣。

大部分人都是平凡而普通的，生下來不是天才，但也絕非大奸大惡，更不會是無可救藥。但爲什麼至今仍處在「可憐」的位置上仰視別人呢？

每個人的智力條件都差不多，起跑線與別人的也相差不了多少，但爲什麼會眼睜睜地看著別人跑在你前面呢？

說穿了，是那些你意識到或根本就沒意識到的一些小毛病，讓你輕易放棄了成功。

早晨你是否想在床上多賴一會兒而不去晨跑？晚上你是否先看一會兒電視而不想學習？下班時間到了，儘管再花十幾分鐘就可完成的工作你也要留待明天？沒有明確的計劃和安排，經常到最後才想起還有更重要的事沒做；東西隨手放、用時找不到；上司一個臉色，你就一天都不開心，工作效率極低；朋友的一個請求讓你無法拒絕，爲此而放下手中的要事。

這樣的小事在我們生活中不勝枚舉，日子就這樣一天天過去，不知不覺之中，你習慣於這種狀態、這種節奏、這種日子，等到幡然醒悟的時候，你才發現，習慣的力量有多巨大，而機會卻已悄然流逝！

二〇〇一年十二月十日，這一天剛好是諾貝爾獎設立一百週年。想必大家對諾貝爾獎並不陌生，而我只是想談談其中關於理財方面的趣聞而已。

諾貝爾是在一八九六年逝世的。他把全部的財產用來設立基金會，獎勵在物理、化學、生物、醫學、文學、和平等方面做出重大貢獻的人。諾貝爾的遺產估計約九百二十萬美元，這筆遺產就是在今天也說得上是一筆巨大的財產。一九〇一年首次頒獎時，每項獎金的數額約合四萬二千美元。但隨著每年獎金的發放及基金運轉的開銷，到了一九五三年，該基金的資產竟然只剩下三百三十萬美元。眼見基金消耗殆盡，基金管理者及時覺醒，將基金由單純的存在銀行賺利息轉爲投資到股票和房地產。理財觀念的改變徹底扭轉了基金的命運。此後，由於投資獲利，基金不斷地增值累積，其獎金金額也逐年提高。到現在，基金的總資產已經接近三億美元，每項獎金也達百萬美元之多。

一位身無分文的年輕人只要從現在開始每年存下一萬四千元，從事投資報酬率二〇%的投資，那麼四十年後，他能夠累積多少財富呢？

也許你會想，頂多也就是二百萬到八百萬之間，最多不超過一千萬左右。然而，按照財務學計算複利的公式，正確的答案不止一千零二十八億，這個數字說出來也許有許多人都不敢想像。此公式正是著名理財專家黃培源在許多場合多次講到的「製造億萬富豪的神奇致富公式」。這個神奇的公式顯示，一名二十歲的上班族，如果按照這種方式進行投資，在他六十歲退休的時候，就是億萬富翁了。

有許多人也計劃這樣做，但他們還是放棄了，他們的財富也就這樣被輕易的放棄了。沒有決心與恆心，你是不可能獲得成功的。

這就關乎到心態問題，是要做一個積極的人還是消極的人，取決於你自己。沒有人生來就是樂觀或悲觀的，自己的態度由自己決定。即使面臨各種困境，你仍然可以選擇用積極的態度去面對眼前的挫折。

只有這樣，你才能夠讓自己永遠保持積極、絕不輕易放棄的態度，儘量發掘周圍

的好，從中尋求積極的動力。即使最終的結果是失敗，你也可以從中記取教訓，把失敗的經驗視為前進的踏腳石。不輕易放棄，成功就會向你招手。

如果你認為自己陷入了困境，不妨聽聽這個故事。一九六八年，墨西哥城舉行了一場馬拉松比賽。就在那天夜裡，選手艾克瓦里吃力地跑進奧運體育場，雖然那麼賣命地跑著，等他到達終點的時候，這場比賽的優勝者早已經領取了獎盃，而且慶祝典禮也早已結束了。因此當艾克瓦里一個人孤零零地抵達體育場的時候，整個體育場空無一人。他雙腳沾滿了血污，綁著繃帶，仍努力繞體育場一周，跑到了終點。當時，享譽國際的記錄片製作人格林斯潘就在體育場的一個角落，他遠遠地看著這一切。好奇心驅使格林斯潘走過去問艾克瓦里，明明知道自己不能獲勝了，為什麼還要這麼吃力地跑到終點？

這位來自坦桑尼亞的年輕人輕聲回答：「我的國家從兩萬多里之外把我送到這裡，不是讓我來起跑的，而是派我來完成這場比賽……」

生活不是一場文字遊戲，命運更不是棋子，走錯了以後能夠重寫，或者是重新擺一局。現實往往是殘忍的，你一旦輕易放棄了，也許永遠都遠離了心中那盞夢想的燈，越發痛苦也越發無可挽回……而心靈的那種無奈，那份沮喪則會一直伴著你。

因此不要輕易地說放棄，否則有一天你會突然發現，生命就在自己一次次不經意的放棄中黯然下來，逐漸跌落無底的深淵。

大膽地嘗試，相信你一定可以。不要輕易說放棄，愛惜自己，看重自己，勝於別人對你的種種。

有一個年輕人，全家僅靠他一人養家糊口，生活非常貧困。一次，他到一家電器工廠去找工作。他向人事主管說明來意，請求給自己安排一份工作，哪怕是最低下的工作也可以。人事主管看到他衣衫襤褸、個子瘦小，並不想雇用他，於是找了一個理由：「我們現在不缺人，你一個月以後再來看看吧！」這本來就是個推託之辭，但年輕人一個月後真的來了，這位主管又推託說此刻有事，等過幾天再說吧！幾天後，年輕人又來了。如此反覆多次，這位負責人再也沒有辦法了，就說出真正的理由：「你這樣髒兮兮，是進不了我們工廠的。」年輕人回去借了一些錢，買一件整齊的衣服穿上又返回來。人事主管就對他說：「關於電器方面的知識你知道得太少了，我們不能用你。」就這樣，他又回去了。但兩個月以後，年輕人再次來到這家企業，說：「我已經學了不少有關電器方面的知識，您看我哪方面還有不足，我一項項彌補。」這位人事主管盯著他看了半天，然後說：「我做這行幾十年了，今天頭一次遇到像你這樣來找工作的，我眞佩服你的耐心和韌性。」最後終於答應了年輕人的請求。後來，這位求職者又以超乎常人的努力，逐漸發展成非凡的人物——他就是日本松下電器公司總裁松下幸之助。

成功的道路不可能一帆風順，總會有挫折出現。在成功者的眼裡，失敗只不過是暫時的，失敗是給自己又一次機會，說明自身還存在某種不足和欠缺，只要我們能夠找到它、補上這個缺口，就能增長一些經驗、能力和智慧，也就離成功越來越近。失敗者之所以失敗，就在於他缺乏韌性和勇氣，一遇到小挫折就打退堂鼓，這樣的人永遠都不會成功。

其實，在成功的道路上，眞正的敵人不是挫折，而是你自己。在這個世界上眞正的失敗也只有一種，那就是輕易放棄。

輕易放棄自己的優勢顯然是不智之舉。因爲優勢一旦失去，要想再挽回，已經爲時晚矣。

這就如同山羊的故事。

有一隻山羊想吃柵欄裡面的白菜，但是牠進不去，所以一直在柵欄外徘徊想辦法。

想著想著，太陽東升斜照大地，山羊在不經意間看見自己拖在地上長長的影子，牠心裡想：「我如此高大，一定能吃到樹上的果子，這白菜吃不吃又有什麼關係呢？」

因此山羊來到遠處的果園裡，園子裡的樹上結滿了鮮嫩的果子。

這時已經是正午，太陽當頂，山羊的影子變成了很小的一團。「唉！原來我是這麼的矮小，注定吃不到樹上的果子了，還是回去吃白菜的好！」因此，牠又轉身往回跑。

等他跑到柵欄外的時候，太陽已經偏西了，因此牠的影子又變得很長很長。然後山羊就懊悔地說：「我幹嘛非要回來呢？憑我這麼大的個子，吃樹上的果子是輕而易舉的事情！」

許多人對自己的優勢視而不見，輕易拋棄自己的優勢，盲目追尋其他不屬於自己

的優勢，最後，連自己原有的優勢也消失殆盡了。

有一隻獅子喜歡上農夫的女兒，請求農夫將女兒嫁給牠。農夫既不忍心將女兒許配給猛獸，又不敢拒絕，他就想出一個辦法。當獅子來催促時，農夫對牠說：「我很願意將女兒嫁給你，但你的牙齒太長了。」

獅子回去以後就把牙齒拔了，然後又來提親。農夫說：「還不行，你的爪子太利了。」獅子又去找醫生把牠的利爪磨平了，回來要求姑娘嫁給牠。

農夫這時看到獅子已經解除武裝，就不再怕獅子，一下子把牠的腦袋打開花了。

所以說，輕易放棄已有的優勢是非常不智之舉。再尖銳的牙齒，再鋒利的爪子，也比不上一個會思考的腦袋。

有兩個探險者，迷失在茫茫的沙漠上，長時間沒水喝，他們的嘴唇裂開了一道道傷口，如果他們再繼續走下去，最後只會渴死。這時，年長的探險者拿起年輕探險者手中的水壺，對他說：「我去找水，這裡還有六顆子彈和一把手槍，你每隔一個小時就往天上放一槍，我找到水以後就可以循槍聲馬上回來與你接應，不至於迷失在路途當中，你在這裡等著我，千萬別走開！」

年輕的探險者聽了，信任地點了點頭。

隨著時間的流逝，眼看子彈只剩下最後一顆了，但是年長的探險者還沒有回來，年輕探險者絕望地抬頭瞭望茫茫的沙漠，然後低下頭想著：同伴出去找水，找了這麼久時間還沒有回來，是不是他找到水後，丟下了我，自己一個人走了？這一想法讓他嗅到了死亡的氣息，就像看到了死亡正一步步向他逼近，最後只有恐懼和饑餓籠罩著他，就在他最後一次拿起槍的時候，他扣動扳機轟掉自己的腦袋，隨著身體頹然倒下，年長的探險者正抱著滿滿的水回來了。

無論什麼時候都不要輕言放棄！

遇到挫折和艱難險阻的時候，你還能夠繼續朝著夢的方向走下去嗎？你放棄的不僅僅是你即將得到的東西，而且很可能就是你的人生。

3．你為別人而活嗎？

人活著到底是爲自己還是爲別人呢？爲什麼整天忙碌著卻不知到底爲誰而忙？爲什麼會這樣累呢？我們到底爲誰而活在這個世上？

小時候總是要聽父母的話，好好念書，努力向上；畢業有了工作以後，要爲公司賣命；結了婚，又要爲自己的另一半而活；等到有了小孩以後，天冷怕他們凍著，天熱又怕他們曬傷……

這樣一想，就可以知道我們這一輩子，能夠爲自己而活的時間確實少之又少。

古代有一個老哲學家，非常有名氣，後來連皇帝也知道他了，想親自拜訪他。皇帝見到他的時候，他正在木桶裡曬太陽，捉蝨子，順便思考著哲學問題。皇帝彎下腰來十分謙恭地問：「先生？我能爲你效勞嗎？」這位哲學家只是微張了眼皮，冷冷地對他說：「請不要擋住我的陽光。」

你也許不能理解，皇帝怎麼會謙卑地和一個身上長蝨子的人客氣？這個老頭是不是有點弱智？當然不是，那個哲學家正是狄歐根尼，犬儒哲學派的代表人物，他是一位大銀行家的兒子。而那個皇帝是縱橫歐亞大陸的亞歷山大皇帝。這則故事的結尾，是亞歷山大發出了感慨說：「如果我不是皇帝，我就要做狄歐根尼！」

亞歷山大爲什麼會發出這樣的感慨呢？

盧梭曾經說過：「人生而自由，卻無不在枷鎖之中。自以爲是一切主人的人，反而比其他人更像是奴隸。」

人們自認爲一步步地征服自然，進而享受物質生活的優越，卻不知道自己究竟獲得了多少自由？那位哲人可以悠哉悠哉地曬太陽，而我們，能不能把手機關上一天？能不能在毫無顧慮之下，從喋喋不休卻毫無價值的會議上拂袖而去？

我們在生活的急流中，順從潮流不斷追逐著，但是能否在百忙之中自問一下，我們幸福嗎？我們到底想要什麼？整天在忙著什麼？

說起大哲學家蘇格拉底，他終年光著腳，穿著襤褸長袍。當他走過市場，看到琳琅滿目的貨物，竟然吃驚地說：「這裡有多少我用不著的東西啊！」在他的眼裡，人已經被神遺棄了，唯在捨棄外物而獲得自由，人性才可能獲得昇華。我們絕大多數人都不是哲學家，不可能像他們一樣完全放棄世俗的追求，但能否在生活之中活得簡單一些、活得自我一些呢？

日本古代詩人智者良寬作了一首詩：「生涯懶立身，騰騰任天眞。囊中三升米，爐邊一束薪。誰問迷悟跡，何知名利塵。夜雨草庵裡，雙腳等閒伸。」他的豁達，也許會有很多人特別仰慕，可是要想做到，眞不是一件容易的事。

有時候我們也需要給自己一些自由的時間，讓自己有屬於自己的空間。因爲對一個人來說，如果不爲自己而活，又何談爲他人而活呢？只有讓自己活得快樂自在，才能談得上爲別人而活。若說人是爲別人而活，那自己在哪裡呢？一個人沒有了自己，何來他人？自家痛癢只有自家知，自己身上的癢處一抓就能夠抓到，即使是在牆上磨蹭，也能蹭到癢處，但是別人卻往往不得要領。

有一些人過分在意別人的眼光和說法，爲了讓別人更加肯定自己，便不斷地按照別人的看法來矯正自己的言行，最後只會損害了自己的個性，成了一位缺乏自主性的傀儡。而另一種以自我爲中心的人，則無視他人，強力介入他人，以主宰他人爲務……後者太過於強調自己，而前者卻喪失了自我，兩者的共同之處，則是把一端強調到不適當的程度，把另一端降到了僕從的地位。凡事總存在兩方面，其中任何一方面都不可能排除和掩蓋另一方面。所以我們在反對以自我爲中心的同時，也應該反對以別人的意見爲中心，好讓自己保持自我。

現實生活中，很多人都生活在別人的陰影裡，放棄了自己人生的主控權。

在美國太空總署的大門上，曾經寫著人類向宇宙發出的一句豪言：只要是人類能夠夢想的，就能夠實現。

有些人心中存在失敗的思維，凡事都認爲「不可能」，而成功者則擁有完全不一樣的思維，他們覺得未來擁有無限的可能性。所以，別人認爲你的夢想可否實現一點也不重要，最重要的是你自己認爲可能不可能。

如果我們的內心不動搖，不被外在環境所侷限，那麼，我們也就沒必要去在意外在的毀譽褒貶。

要做到不在乎別人的看法，確實是一件非常不容易的事情。首先要問清自己，害怕什麼？在乎什麼？心虛什麼？有人非常在乎別人的批評，有人特別在乎的是別人對自己工作能力的質疑。然而，正是因爲太在乎別人的看法，讓自己缺乏自信，看不見自己的優點；人們缺乏信心的原因也是因爲別人，因爲他們害怕別人否定自己的存在價值。

每個人只要來到這個世界上，這個世界就會給他一條路，雖然路的長短、好壞各有不同，但總歸每個人都有了一條屬於自己的路，而這條路就是所謂的人生。

魯迅先生說過，這世上本沒有路，只因爲走的人多了，也就成了路。只是，我們平常走路的時候，可以順著前人走出來的路去走，而我們的人生呢？卻沒有誰會願意依照別人設定的方式去走，都想自己選擇一條適合或者超越別人的路。然而天不遂人願，殘酷的現實常常讓人徬徨，讓人覺得無所適從，不知究竟該往哪個方向？

每個人生命的長短都不一樣，這一點就注定了每個人不同的人生之路。這個世界上有誰能夠說得清楚，人生的長短對自己來說到底有什麼意義。一個人活到二十歲，跟活到八十五歲相比，哪個更具有人生意義呢？如果我們把它放到二百年以後來看，現在活到二十歲和活到八十五歲的人，又有誰能夠在二百年以後的人眼裡留下一點痕跡呢？

所以，一個人的人生意義不在於路的長短，而在於你一生走過的路所產生的價值，是價值的高低決定了人生的意義所在。如果一個人活了很長一段時間，但這輩子都沒能夠做出一件有意義的事情來，就這樣糊塗、茫然地過了一生，這樣的人生又有多大的意義呢？

走自己的路，隨別人說吧！走自己的路，本質上就是爲自己，不是爲了任何人，包括自己的親人、朋友，因爲他們與別人一樣，都只是你生命中的過客而已。雖說生命源自父母，但人生還是要靠我們自己來打造。雖然別人會在路旁給自己一些幫助與鼓勵，但大多時候，路還是需要靠自己去闖、去摸索。命運的把握、人生方向的選擇權都掌握在自己的手裡，也只有自己才能眞正擁有自己命運的決定權，旁人頂多發揮參考作用。所以我們就大膽地放手去走好自己的路，至於旁人的言語，就讓它隨風飄過，無需在意。至於別人的路是否走得精彩，自己也只是一個旁觀者，我們可以從別人的經歷中得到一定的啓發，讓自己從中學習別人的教訓，這樣也可以讓自己的人生少走一些冤枉路，做出更好的選擇。

人來到世上，原本就有無數條路可走，走來走去，還是要走出自己的路。想要體會自己的人生價值，讓自己超越別人，想擁有與衆不同的人生，就需要活出自我，人生由自己來決定。

4．你挑戰自我了嗎？

每個人都在努力追求成功。爲什麼有的人能夠大獲成功，有些人卻總在原地踏步。到底是什麼在支撐著他們，又是什麼在制約著我們呢？

「成功者一定有過人之處，而可憐之人也必有可恨之處。」這是小張剛步入職場時，公司老闆常掛在嘴邊的一句話。當時小張只有二十歲出頭，聽了心中頗不以爲然，甚至還會覺得反感。他心裡總在想：「你有錢，你成功了，但是從你的身上卻看不出一點過人之處，我們是不如你，但我們就有什麼可恨之處嗎？」

一晃十餘年過去了，這期間小張從事過廣告ＡＥ、記者等多項工作，也接觸了大量的人。這些人如果用一個最世俗的標準來劃分，就是成功者與失敗者。當然，成功不一定就是腰纏萬貫，只要他們在事業上有所成就，生活和諧美滿、自得其樂，就稱得上是一個成功者；而失敗者也不全是窮人，只是他們的自我感覺無一例外的是——我爲什麼不如人？

人生來就是平等的，所謂的平等不僅體現在天賦人權上，還體現在其他方面。比如說，人都有自己本能的一面，也有理性的一面。依照動物性的本能，人都會不自覺地貪圖感官肉體上的享受，比如好吃懶做、自由散漫、自私自利，甚至於想讓自己能夠多玩一會兒、多睡一會兒等等，這不是「壞」，而是動物本能的惰性。

反之，理性則引導著人們去追求更高層次的東西與享受，同時也包括精神上的愉悅、感情上的和諧，也就是喜歡去追求各方面的傑出與成功。

但是你知道嗎？追求成功的過程，其實就是一個理性戰勝本能的過程，只有克服了自身的惰性、缺陷，勇於挑戰自我，才能獲得成功。無論是從閱讀中外偉人傳記，還是親身接觸成功人士，都可以看到他們與我們一樣平凡的一面。每個人都有各式各樣的毛病與惰性，只不過是成功者在認定了一個目標以後，就會堅持克服自身的惰性，經由不懈地努力，最終創造了屬於自己的成功。

每天克服一點點毛病，每天堅持進步一點點，成功就是這樣開始的。

毛病雖不是錯誤，卻是錯誤的起源。錯誤已經是一種結果，而毛病卻是不斷產生錯誤結果的狀態。對於毛病，只要我們肯下決心改，就一定有挽回的餘地。糾正自己的毛病是一種拯救未來的工作，當你明白毛病和錯誤之間的關係，就能夠眞正體會

「往者不可諫，來者猶可追」的含義。

然而，每一個壞習慣都有巨大的慣性；而每一個毛病的惰性，也必然有著不小的誘因。最根本的問題是：你享受著眼前，但是不能夠享受將來；怕吃苦者往往會苦一輩子，而不怕吃苦的人，則只苦半輩子。

美國有位叫凱絲的女士，她有一副好嗓子，一心想當歌星，遺憾的是嘴巴太大，還有暴牙。她初次上臺演唱時，努力用上嘴唇掩蓋暴牙，自以爲那是很有魅力的表情，殊不知給別人留下滑稽可笑的感覺。後來有一位男聽衆很直率地告訴她：「暴牙不必掩藏，妳應該盡情地張開嘴巴，觀衆看到妳眞實、大方的表情，一定會喜歡妳的。也許妳所介意的暴牙還會爲妳帶來好運呢！」

對於舞台表演者來說，在大庭廣衆之下把自己的缺陷暴露出來，這首先需要說服自己，還需要鼓足勇氣打敗自己。凱絲接受了這位男聽衆的忠告，從此不再爲暴牙煩惱，她在舞台上盡情張開嘴巴，發揮出自己的潛能與特長，最終成爲美國影視界的大明星。

我們從出生的那一刻起，就注定要不斷地進行自我挑戰。

爲了讓自己生命多姿多彩，爲了讓自己成爲天空的那顆明星，向自己挑戰吧！

一個貪圖安逸的人，絕不會挑戰自我；不思進取的人，也不可能挑戰自我；自暴自棄的人，不會挑戰自我；驕傲自滿的人，不會挑戰自我。而勇於挑戰自我的人，正是那些不斷求新、求變、求進步的人，正因爲他們有決心，在開闢新征程的路途當中無論遇到什麼風雨，他們都樂意接受。雖然從表面上看來，他的人生似乎具有一定的風險，生活不安定，但這些人的人生絕對不平庸、不卑微，更不會黯淡，因爲在不斷挑戰自我的過程中，他們經人所未經，歷人所未歷，經驗逐漸豐富，思維百經錘鍊，而且視野更加開闊，成功也因此離他們更近。

挑戰自我，需要勇氣、智慧和毅力；挑戰自我，勿忘自立自強與自尊；生命短暫，但一定不要放棄。

自我挑戰，就是在遇到困難的時候，鼓勵自己向困難艱險迎戰。要有明知山有虎，偏向虎山行的勇氣。自我挑戰，是要向僥倖心理宣戰。所有美好的東西都是在不斷奮鬥後才能得到的。古今中外，所有品德高尚、學有所成的人，都是善於自我挑戰的人。

其實，自我挑戰就是要向「怕」、「懶」這兩個字挑戰。懦夫和懶漢有十分本事，但只做七分事情；平庸的人有七分本事，卻要做七分事情；而勇於自我挑戰的人，有七分本事，卻勇於挑十分重擔……

自我挑戰，就是要勇敢的向自己的弱點與缺點宣戰。老子云：「勝人者有力，自勝者強。」無論是誰都會有自己的弱點、缺點，因此我們應該「勤攻吾之缺」。

偉大的人格力量會有自覺地向自己的缺點、弱點宣戰：以勤奮向懶惰挑戰，以正義向邪惡挑戰，以公正向偏見挑戰，以眞誠向虛僞挑戰，以謙和向驕傲挑戰。但是，挑戰不是眞正的目的，最後的結果是我們能夠成爲自己的主人。

只要有了自我挑戰的信心，就能夠產生無窮的意志。弱者與強者之間，成功與失敗之間，最大的差異就在於意志力量的強弱。

當你勇敢的時候，就能戰勝自己的懦弱；當你勤奮的時候，就能戰勝自己的懶惰；當你廉潔的時候，就能戰勝自己的私欲；當你謙虛的時候，就能戰勝自己的驕傲；當你寧靜的時候，就能戰勝自己的浮躁。

自己把自己說服，這是一種理智的勝利；自己把自己感動，這是一種心靈的昇華；自己被自己征服，這是一種人生的成熟。

有的人靠運氣來決定自己的一生；有的人用依賴實現自己的夢想；還有的人卻是一意孤行，聽天由命。這些人都是在妄想，而且是在自我毀滅。

人生好似一齣戲。你就是這齣戲的主角，只要你盡心盡力地去演，觀眾就會全神貫注地觀看你的演出，讚賞你、尊重你。

朋友，你試著挑戰自我了嗎？

文藝復興時期的藝術巨匠喊出了：「天賦人權，人人平等。」這種平等並不僅只是體現在天賦人權上。有個哲學家曾說：「無論是哪一個人，他都是由人性和獸性兩種性質構成。」

一味聽任動物性的本能，人們就會貪圖肉體感官上的享受，好吃懶做，自私自利，想多吃一點好的、多玩一會兒、多睡一會兒、多看一會兒電視等。還好，人性中的理性思考能引導人們去追求高層次的內容，比如說，精神上的愉悅、感情上的和諧、追求成功的快樂。

在追求成功的過程中，一定會遇到很多的坎坷和挫折，坎坷和挫折中有來自外部的，也有來自內部的。其中有著決定作用的，經常是內部的因素。我們可以說追求成功的過程，就是理性戰勝本能，克服自身惰性、缺陷、挑戰自我的過程，就是不斷與自己的惰性與缺點抗爭的過程——就是挑戰自我，戰勝自我，超越自我的過程。

生活就像一面鏡子，你對它笑，它也對你笑；你對它哭，它也對你哭。無論是哭還是笑，鏡子中的還是你自己。要想學會適應環境，就要學會挑戰自己，沒人能夠擋住你前面的陽光，除了你自己。對於自己的弱點，大聲地說出：「我向你挑戰！」

挑戰，需要堅韌不拔，需要鍥而不捨，需要持之以恆。

給自己勇氣挑戰自己，給自己一個目標，摔倒了，爬起來，拍拍身上的塵土繼續前進。無論什麼時候都要牢記，「勝不驕，敗不餒。」無論是順境還是逆境，挑戰自我，每一次新的起點都給自己新的動力，既不自卑，也不自傲；不在困難面前退卻，更不要讓懶惰滋長。挑戰自我，讓自己像瀑布一樣充滿生命力，勇往直前。

生命本是一泓清泉，只有挑戰自我的人才能品出它的甘霖；生命本是一部史書，只有挑戰自我的人才能體味它的浩蕩；生命本是一首優美的歌曲，只有挑戰自我的人才能譜出優美的旋律！

只有你自己能夠阻擋成功的陽光，放縱本能的惰性，會擋住我們成功的去路。
行動吧！去挑戰自我，戰勝自我！拂去阻擋了我們陽光的所有阻礙吧！

5．你有自信嗎？

世界知名的日本指揮家小澤征爾，有一次赴歐洲參加指揮大賽。在前三名的決賽中，他發現樂譜出了錯，但在場的作曲家和評審都鄭重聲明沒問題。他考慮再三，最後還是很自信地說：「樂譜有錯！」原來，這是評審故意設置的考題，因爲小澤征爾堅持自己的觀點，評審宣佈他獲得第一名，他的自信把他送上光榮的領獎臺。一個自信的人只要想得到，就注定能得到。

很多事情看似複雜，但當你下定決心的時候，它就會立刻變簡單。

成功永遠只有一個考量：要還是不要。「凡是別人能夠做到的，我也能。」這個道理適用於任何一個人。

要想成功，就必須自我激勵。激勵不是別人賦予的，而是自己跟自己玩的遊戲。每個人都可以追求自己想要的，而非自己恐懼的。

一個人有了自信，才能自強不息，才能爲自己的理想奮鬥。有了自信才能在事業上保持必勝的信念，有勇氣攀登事業的高峰。

一個人如果失去自信，也會對未來失去信心，放棄自己的追求。居禮夫人能夠成爲科學家，是因爲她對待工作信心百倍，對待失敗從不氣餒。她對朋友說：「無論做什麼事情，都要有恆心，尤其自信心。」

誰都不是命中注定的成功者，愛因斯坦小時候數學不及格，愛迪生被迫退學，牛頓上學的時候也曾受過處分……但他們都沒有失去自信，因此能成爲一代科學家，創造出世人不可逾越的科學高峰。因此，自信不是對成功的信仰，而是成功的前提。

自信給了成功活力，自信讓成功得以實現。

現實生活中，有的人臉上洋溢著自信的笑容，那是因爲他們懂得自己正一步一步的走向成功；有的人面色如土，那是因爲他們喪失了自信，終將平平庸庸；有的人整天垂頭喪氣、滿臉愁容，那是因爲他們放棄了自信，加速了自己的死亡。

一位六十八歲的老人去日語補習班報名。他說，兒子娶了個日本老婆，每次都說一些讓老人聽不懂的話，因此自己決心學日語。老師對他說：「你可能要兩年以後才學會，到那個時候您都已經七十歲了」。老人說：「就算我現在不學，兩年後我還不是七十歲！」

我們可以想像這位老人，他的自信讓他格外年輕。爲什麼我們不能像這位老人一樣，懷抱自信而神采洋溢呢？

自信是一種巨大的精神力量。世界上的事情沒有不可能，只是失敗的思維阻礙了我們的行動。成功就在於心有所思，行動隨之。

游泳健將弗洛倫絲・查德威克，從卡德林那島游向加利福尼亞海灣，只剩一海哩的時候，她看到前面大霧茫茫，潛意識發出「何時方能游到彼岸」的猶疑，於是失去了信心，也失去一次創造紀錄的機會。事後，弗洛倫絲・查德威克悔恨不已。兩個月以後，她重游加利福尼亞海灣。這次，她不停爲自己打氣，告訴自己「我一定要打破紀錄」，她終於實現了目標。

當你自信能做好一件事的時候，就會萌生巨大的力量。有自信的人不會懷疑自己的能力，也不會去擔心自己的未來，而是用信心爲人生支撐出一片燦爛的天空。當人被綁住雙手的時候，他就不能夠讓雙手來工作，當一個人的思維被自卑所主導的時候，他的思想也將寸步難行。

強尼的爸爸是個木匠，媽媽是個家庭主婦。這對夫婦縮衣節食，想存錢送兒子上大學。強尼讀高二時，有一天被校長叫到辦公室。校長對他說：「強尼，我仔細看過你的成績……」「我一直很用功。」強尼插嘴說。「問題就在這裡，」校長說，「你一直很用功，但是進步不大，如果再念下去，可能只會浪費時間。」孩子用手捂住了臉：「那樣，我爸媽會十分難過的，他們希望我能夠上大學。」校長拍拍著他的肩膀，「每個人的才能多種多樣，強尼，」校長說，「工程師不識樂譜，畫家不背九九乘法表，每個人都有特長，你也是一樣的。終有一天，你會發現自己的特長，那個時候，你就能夠讓父母驕傲了。」強尼從那個時候起，再也沒去上學。

剛開始，他替人建園圃，修剪花草，人們開始注意他的手藝。他又接管了火車站後面的垃圾場，把它變成了美麗的公園。強尼樹立了自信心，建立起自己的人生信念，後來成了著名的園藝家。

所以說，每個人都有自己擅長的領域，在這些領域中，你將會是最耀眼、最出色的。一個人的成功憑藉的往往是特長，因此我們更要讓自己每天都信心十足，不要在一點點挫折面前就失去自信。

西方有一句名言：「知識不如能力，能力不如品德。」而品德之中最重要的，就是自信、勇氣和熱情。自信是邁向成功大門的必備特質。無論是哪一個偉大的人物，無不以其堅強的自信爲前導。有了自信也就有了勇氣與熱情。拿破崙曾說過：「在我的字典裡，根本不存在『不可能』三個字。」美國總統羅斯福下肢癱瘓，但是他從來就不服輸，也不尋求任何的藉口，憑藉著信心、勇氣和堅韌，面對一切挑戰，連任四屆總統。

充滿自信，才能激發進取的勇氣，感受生活的快樂，挖掘自身的潛能，取得最後的成功。

美國著名心理學家馬斯洛認爲，自我實現的需求是人類最高層次的需求，但是自我實現是靠人的品德來支撐，主要來自人的氣質所產生的持久魅力。自信能夠產生懾人的氣魄，讓你煥發光彩，爲你帶來活力，讓你談吐瀟脫、大度而具有魅力。

一個人之所以會失敗，那是因爲他自己要失敗；一個人之所以會成功，那是因爲他自己要成功。

命運就掌握在自己的手中，自信就等於成功了一半。如果沒能充分認知到這一點，總有一天，你會連原來的那一半也喪失了。自信者依靠自己的力量去實現目標，自卑者則只能夠憑藉僥倖。很多人之所以會失敗，不是因爲他們無能，而是因爲沒有自信。

自信，能讓不可能成爲可能，讓可能成爲事實。不自信，讓可能變成不可能，讓不可能變成毫無希望。

一分自信，一分成功；十分自信，十分成功。當你不自信時，你就難以做好任何事，當你任何事也做不好的時候，你就會更加的不自信，這是一種惡性循環。如果想要從這種惡性循環中解脫出來，就需要重建自信心，你不妨先從最有把握的事情做起，就在你不斷取得成功的同時，你的自信心就會逐步建立起來了。

當你問自己：「我能成功嗎？」就表示你很難成功，但是當你滿懷信心地對自己說「我一定能成功」，收穫的季節已經離你不遠了。

6．把自己培養成專家

「如果你一事無成，這不是你父母親的過錯，不要把你應當承擔的責任轉嫁到別人身上，而要學會從失敗中記取教訓。」這是比爾．蓋茲給年輕人的忠告。

很多年輕人感到自己什麼事情也做不成，並且把失敗的責任歸於別人，歸於自己沒有機遇，卻很少從自己身上找原因，更糟的是，他們沒有從失敗中記取教訓。

很多人總是喜歡談經驗，而不樂意講教訓。那是因爲談起經驗，他們會感覺自己很光彩，但是說到教訓，總是面有愧色。其實，教訓和經驗一樣重要。

有一位船長，有著一流的駕船技術，他曾駕著一艘簡陋的帆船在颱風肆虐的大海中漂泊了半個月後死裡逃生。漁民們都稱他爲「船王」。

船王有一個兒子，是他唯一的繼承人。船王對兒子期望很高，希望兒子能掌握駕船技術，傳承自己的長才。船王的兒子也很用心，到了成年，他駕駛機動輪船的知識已經十分豐富。有一次，船王放心地讓他一個人出海，但是兒子和他的船就再也沒有回來。

他的兒子死於颱風，一個對漁民來說十分微不足道的颱風。

船王十分傷心，不明白自己駕船技術這麼好，兒子怎麼會這麼差勁？他從最基本教起，告訴兒子怎麼樣去對付海中的暗流，識別颱風前兆，採取應變措施。自己多年累積下來的經驗，他都毫不保留地傳授給兒子，卻不料兒子會在不該失敗的情況下喪生了。

漁民們紛紛安慰他。但是一位老人卻問：「你一直都親自教他嗎？」

「是的。爲了讓他得到眞傳，我教得很仔細。」

「他一直跟著你嗎？」老人又問。

「是的，我兒子從來都沒有離開過我。」

老人說：「這樣說來，你也有過錯啊！」

船王不明白，老人說：「你的過錯很明顯了。你只傳授給他技術，卻不能傳授給他教訓。沒有教訓作爲根基，技巧只是紙上談兵。」

我們經常會說：「失敗乃成功之母。」事實上，教訓也可以說是「經驗之母」。

成功固有經驗可以總結，失敗也有教訓可以記取。而成功，往往要經歷很多次失敗，教訓總是產生於經驗之前。只有認眞地看待教訓，才能夠力爭成功，得到經驗。不管我們願不願意承認教訓，教訓總是客觀存在的，不敢尋求教訓的人其實就是在逃避現實。

教訓是對挫折與失敗的理性思考，它要我們更加理性地分析問題的原因，讓我們對客觀事物的認知更加準確、深刻。教訓不但可以爲遭遇挫折的人留下避免再次失敗的路標，同時又可爲他人留下前車之鑑。古今中外，有識之士無不從自己或他人的教訓中尋找良方，避免重複的失誤。從這個意義上看來，教訓也是一筆可貴的財富。

國外招聘高級人才，非常注重應聘者是不是失敗過，以及失敗以後的心態和表現。能不能從失敗中記取教訓，能不能勇敢地面對失敗，不被失敗摧垮，並且從失敗中站起來，這顯示一個人的人生態度。

大發明家愛迪生在尋找燈泡的發光材料時，經歷了成千上萬次的失敗。就在別人用失敗來描述他的發明經過時，愛迪生卻明確回答說：「我沒有失敗，因爲我已經成功的知道有一千多種物質不適合做發光材料。」如果科學家遇到一次失敗就退卻不前，那麼人類的文明永遠不可能向前發展，至今可能還處於茹毛飲血的原始狀態當中。面對失敗，關鍵在於如何闖過失敗這一難關，從中吸取經驗和教訓，把失敗當作成功的階梯。

從某種意義上來說，那些不敢面對挫折的人，將永遠沒有機會享受成功的喜悅。因此他們會喪失信心，無所事事，終日沮喪而空虛，被失敗壓垮，在失敗中消沈。西楚霸王項羽力拔山氣蓋世。但是在四面楚歌之下，他喪失了信心，遣散了士卒，自刎於烏江，他自己放棄了東山再起的機會，一代梟雄徒留下了千古悲歌。

因此，面對失敗要有良好的心態。暫時的失敗不代表永遠的失敗，今天的失敗不代表明天也會失敗。

某大公司招聘人才，應徵者雲集。其中不乏高學歷、多證書、有豐富工作經驗的人。

經過三輪淘汰，只剩下十一名應聘者，由總裁親自面試。

奇怪的是，面試考場出現了十二名考生。總裁問：「誰不是來應聘的？」坐在最後面一排的男子站起身：「總裁，我第一輪就被淘汰了，但我想參加一下面試。」

在場的人都笑了。總裁好奇的問：「你第一關都過不了，來這裡有什麼意義呢？」

那個男子說：「我掌握了很多財富，所以我本人就是一筆財富。」

大家又一次笑了起來，感覺這個人不是太狂妄，就是腦子有毛病。那個男子說：「我只有一個本科學歷，一個中級職稱，但是我有十一年的工作經驗，我曾經在十八家公司任過職……」總裁打斷他：「你的學歷、職稱都不算高，工作十一年倒是很不錯，但先後跳槽十八家公司，太令人吃驚了，我不欣賞。」

男子站起身：「總裁，我沒有跳槽，而是那十八家公司先後倒閉了。」在場的人再一次笑了起來，有一個考生說：「你眞是倒楣蛋！」男子也笑了：「相反，我認爲這就是我的財富！我不倒楣，我只有三十一歲。」

就在這個時候，一位站在門口的老先生走了進來，幫總裁倒茶。男子繼續說：「我很瞭解那十八家公司，我曾經與大夥努力挽救它們，雖然沒有成功，但是我從它們的錯誤與失敗中記取了很多教訓；現在有很多人只知追求成功的經驗，但我更有錯誤與失敗的寶貴經驗！」

男子離開座位，一邊轉身一邊說：「我深知，成功的經驗大抵相似，很難模仿；而失敗的原因卻各不相同。與其用十一年學習成功經驗，不如用同樣的時間研究錯誤與失敗；別人的成功經驗很難成爲我們的財富，但是別人的失敗過程卻可以！」

那個男子剛要出門，忽然又回過頭：「這十一年經歷的十八家公司，培養、鍛鍊了我對人、對事、對未來的敏銳洞察力，舉一個小例子吧——眞正的主考官不是您，而是這位倒茶的老先生……」

全場譁然，驚愕地盯著倒茶的老先生。老先生笑著說：「很好！你第一個被錄取了！」

這就是一個關於教訓與經驗的故事，說明了我們要善於從失敗當中學習教訓、善待教訓，這就是智者的選擇。

如果你想成功，那麼請記住這個忠告：學會從失敗中記取教訓。

每一次的失敗，都會使我們更加迫切地尋求正確的方向；在每一次的失敗當中得到經驗的教訓，都會讓我們更加小心的避開前方的錯誤。就這層意義而言，我們不難看出失敗乃是通往成功的道路。這條路，雖然灑滿了淚水，卻不是一條廢棄的道路。

每個人的人生都不可能一帆風順，遇到各式各樣的挫折在所難免。怎樣去對待失敗與挫折，這對每個人都將是一次次考驗。

羅伯特・麥瑞爾，這位已經演唱了近五千場的音樂會，並曾經為九位美國總統演唱過的美國著名男中音歌唱家，他那令人陶醉的美妙歌聲，直到今天仍然讓成千上萬的人癡迷。有誰會知道這位在紐約布魯克林貧民窟長大的歌唱家，小時候曾嚴重口吃。在學校讀書的時候，他連回答老師的問題都害怕，他回憶說：「那個時候，我最害怕的是在全班同學面前開口，只要我知道哪天會被提問，我那天就逃學。萬一被提問了，我就背對著全班同學站著回答問題。同學們都嘲笑我。」但是現在，他站在萬人大會堂，為歌迷演唱，贏得如雷的掌聲，其中的艱辛又有誰能明白，歷經的失敗又有誰能數得清？

我們都充滿了玫瑰色的幻想和美好的憧憬，誰不希望自己的前程似錦呢？可是往往事與願違，難以避免地出現挫折和失敗。

世界上沒有專門為我們鋪設的樂園，人生的道路也不全是用鮮花鋪就的。人生就像是一條奔騰的河流，只有在遇到礁石的時候，才會濺起朵朵美麗的浪花。

每一次失敗對我們來說，都是一次考驗，失敗能夠導致一個人喪失鬥志，也有可能讓一個人奮發圖強。

那些失敗了但是不氣餒，重新振作精神的失敗者，比輕而易舉的成功者更值得我們尊敬。

世事往往都是這樣：成果未就，先嘗苦果；壯志未酬，先遭失敗。而且一個人的目標越高，越是好強、上進，就越容易受挫折。

挫折是雙重性的，它一方面能激勵人們，另一方面卻有著相反的作用。挫折能引導一個人產生創造性突進，增強韌性和解決問題的能力，卻也可能造成一個人心理上的傷痕和行為上的偏差，甚至形成成長環節的缺陷。

然而，如果你是一個眞正懂得生活的人，就應該常常告誡自己，戰勝失敗，戰勝挫折，把自己鍛鍊得更加堅強。

德國天文學家克卜勒，從小時候就多災多難，他是個早產兒，天花把他變成了麻子，猩紅熱又弄傷了他的眼睛，但是他憑著頑強、堅毅的品德發奮讀書，學業成績遙遙領先他的同伴。後來父親欠債使他失去了讀書的機會，他就自學研究天文。而在以後的生活當中，他又承受了多病、良師和妻子去世等一連串的打擊，但他還是沒有放棄天文學研究，終於在五十九歲的時候發現了「天體運行三大定律」。他把所有的不幸都化爲推動自己前進的動力，以驚人的毅力，摘取了科學的桂冠。

巴爾扎克說：「挫折和不幸，是天才的進身之階、信徒的洗禮之能、人的無價之寶、弱者的無底深淵。」不經風雨，長不成大樹；不受百鍊，難以成鋼。生活有時候就像一塊粗糙的頑石，磨得你心靈生痛，但是它也會讓你的心靈更爲堅實，更爲光彩。

命運就像一個偉大的雕塑家，有時會舉起重錘在你身上敲打，讓你痛徹心肺，卻也讓你更加的完美。

痛苦就像是一把犁刀，它有時會割破你的心，使熱血和眼淚流淌，它也會開掘出你生命的新泉源。

第3章

你學會放下了嗎？

得到難，放下更難。吃水果的時候，我們往往先挑過熟的吃，好的放在最後才吃。但是等我們把不好的吃完了，好的也變壞了。

1．有自己的主見

現實生活中，無所適從者處處可見。

父子倆買了一頭驢，在回家的路上，路人見了，嘲笑他們有驢不騎，眞是蠢人；兒子因此騎上驢子，被一老人見了，說他只顧自己騎驢不顧父親，不懂規矩，沒有孝心；兒子於是下來，讓父親騎上了驢；被一少婦見了，說父親只顧自己騎驢不顧兒子，這下子父子只好同騎；被慈善家見了，說他們虐待動物；沒有辦法，父子倆只好抬著驢回家了。

故事中，路人、老人、少婦、慈善家都沒有錯，他（她）們只是從不同的角度提出了自己的觀點，就像不同的人看《紅樓夢》，道家看到的是「淫」，才子看到的是「纏綿」，而革命家看到的則是「封建的腐敗沒落」。父子倆可以同騎，也可以輪流騎，可惜他們缺乏主見，迷失方向，結果買了驢子不敢騎，抬著回家了。

又有一則小故事。兩隻猴子在河中抓魚，牠們抓到一條魚，但不知道該怎麼分才好，爲此爭執不休。這時，恰好河邊有一隻野狗在散步，於是這兩隻猴子就問野狗應該怎麼分這條魚。

野狗轉了一轉眼睛，對牠們倆說：「我可以告訴你們該怎麼分，不過你們要完全聽我的才行。」兩隻猴子順從地點了點頭。野狗說：「在此之前，我先問你們誰願意到淺水中去？」一隻猴子說：「我願意。」野狗繼續問：「誰願意到深水中去？」另一隻猴子說：「我願意。」

野狗說：「既然如此，我告訴你們答案。喜歡淺水的該分得魚尾，喜歡深水的該分得魚頭，中間的一段，自然該分給知道如何分的我了。」

爲人處事要有自己的主見，這是衆所周知的道理。但是眞正能做到事事均有主見，並不是一件容易的事，尤其是當一個人對自己的能力缺乏自信的時候，就很容易被他人之見左右。別人高明的見解，可以爲你開啓心智，讓你行之受益，聽從他人之見成其大事者不乏其人。然而，如果他人之見只是不負責任的亂參謀、瞎建議，或是糊塗之見，就會有相反的效果。

巴爾扎克的父母一直期望他做一名律師，巴爾扎克也拿到了法學院的學士學位，並且在一家法律事務所謀到了職位。但此時年僅二十歲的他，卻向父母說自己要成爲名揚天下的作家。在巴爾扎克的父母看來，他的想法是那麼的幼稚，居然要放棄一個有保障的職業，放下光明的前程，把一生耗在一個靠不住的工作上。更何況在此之前，兒子沒寫過一首讓人感動的詩或一篇像樣的文章，連翻譯課的成績也在班上敬陪末座。爭執了很長時間，最後父母才與兒子達成協定：限期兩年，每月提供一百二十法郎生活費，如果創作不出足以使他成名的偉大作品，他必須重新回到律師事務所，沒有任何商量的餘地。

當巴爾扎克寫出第一部詩劇《克倫威爾》，在家中向親友朗誦之後，一名頗有名氣的詩人毫不客氣地寫信給巴爾扎克的父母說：「令郎可以嘗試任何一項職業，就是不要再從事文學了。」對於巴爾扎克來說，這根本就是一個可怕的判決。但父母斷絕其生活援助之後，他並沒有因此動搖自己的主見和信心。他克服重重困難，仍然堅持走自己的路……如果巴爾扎克聽從父母和那位詩人之見，放棄自己的追求，那麼他的家鄉都爾城可能會多了一名好律師，但法國就少了一位天才作家，《人間喜劇》這部偉大的作品也就不會在世界文學寶庫中出現了……

英國著名科學家達爾文，自幼便對科學具有濃厚的興趣。然而他卻被自己的父親和老師認爲是一個「很平庸的孩子，智力遠在一般的孩子以下」。他的父親完全不顧達爾文的意願，硬是將他送到愛丁堡大學學醫。雖然達爾文對醫學不感興趣，但是他對礦物學、博物學、昆蟲學等方面的課程卻非常著迷。父親知道了他在愛丁堡大學的情況，認爲兒子在學校裡「遊手好閒」、「荒廢學業」，於是費盡心思地將他送到康橋大學去學神學。達爾文在自己的愛好和追求無法得到父親支持的情況下，並沒有放棄或者是失去信心，而是大膽地突破神學教育的束縛，堅持自學自然科學，最終成爲舉世聞名的博物學家、生物學家以及進化論的偉大奠基人。

假如達爾文當初聽從父母，放棄自己的追求，他會有今天的成就嗎？他最多也只是牧師或是一名醫生。

雖然人生之路不可重來，卻可以回顧。回首走過的人生路程，檢討得失，總結經驗教訓，你就可以在未來的人生旅途中少走冤枉路。

做出抉擇後，要聽從你的主見，勿爲他人之見所左右。

「一個和尚有水喝，三個和尚沒水喝」，這個道理人人都知道，其實人生也是如此。例如，你想要獲得很多的財富，別人給你許多好的建議，到底要聽誰的呢？公說公有理，婆說婆有理，這個時候就要靠你自己的直覺和智慧了。你要明白什麼叫量身訂作的道理，結合自己的實際情況做出決定。

在日本，公司裡的任何一個員工都要對上司畢恭畢敬。而美國老闆可以說是最開放、豁達的老闆了。在美國的公司裡，你是公司的一員，就有說話的權利，就有權利發表自己的意見或看法。在美國老闆看來，沒有意見只能說明你對公司不關心，只有把公司當成自己公司的人，才算得上是優秀的員工。因此面對美國老闆時，你不一定事事都唯命是從，如果你有比主管更好的想法和意見，你絕對可以成爲主管的「主管」，對方反倒會佩服你。所以，在美國公司工作，凡事要有自己的主見。面對一件事，先想一想，如果你自己遇到這樣的事，你會怎麼處理呢？

主見是人生的支柱，而主見來自於廣博的知識、豐富的經歷、勤於思索的頭腦。我們遇事都應該有自己的主見，沒有主見的人就像是牆頭的蘆葦一樣，風吹兩邊倒，隨波逐流，非常容易迷失方向。有主見的人恰恰與之相反，好似山中松柏，咬定青山不放鬆，任你東西南北風，空自巋然不動。

如果你並沒有做錯什麼的話，那就堅持繼續走下去，不要理會別人的譏諷與指

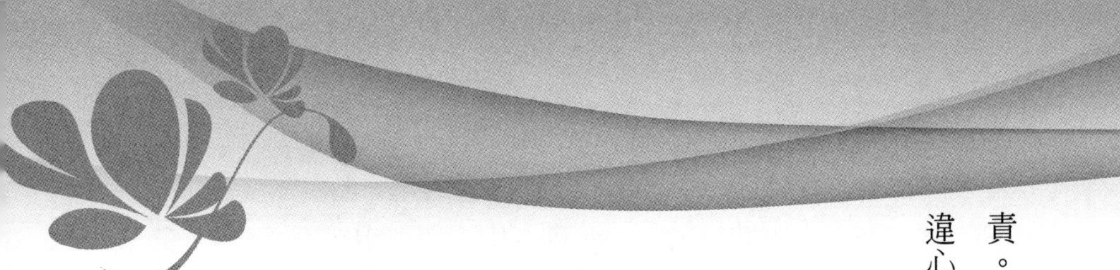

責。但是，如果你知道一些事情不應該做的話，那麼任憑別人如何縱容、引誘，也不違心從之，這就是主見的作用。

只有做個有主見的人，你才能擁有無怨無悔的人生。

2．該放則放，不要貪得

我們都在各自的崗位上，日復一日、年復一年地書寫著自己的歷史。在此過程中，我們需要經歷太多的無奈與挫折，這讓我們有力不從心的疲備感。

我們總是企盼著能夠富有，會不由自主地追求圓滿。這一點本無可厚非，但生活中有很多事情都顯示，當一個人唯「獲取」是從的時候，就會把是非的標準變得很模糊，進而產生道德上的風險。其實，一個人有所得也就會有所失。

想要擁有生活，你就要懂得該放該捨，絕不貪多。心隨物役的人會變得更加貪婪，更加不滿足，進而抑鬱寡歡。內心的欲望會戰勝意志，誘惑會戰勝自尊，使自己肆意放縱，甚至「走火入魔」。一個眞正懂得生活的人，不論眼前的「景色」多麼迷人、多麼令人心動，他們都抱著平常心，以純眞的審美情趣，誠實爲人。

人生就像一輛車，車的載重量是有限的，超過載重量就會把車壓壞。人生的車上裝幾件簡單的、自己認爲最重要的東西就行了，比如你喜歡讀書、寫作，你就一心一意把寫作做好，對於其他該放棄的，無論它多麼誘人，也要放棄。

善於垂釣的人都知道，有大魚上鉤時，硬把魚往岸上拖是很不明智的。其結果，不是釣線被扯斷，就是魚嘴被撕破，原本已上鉤的魚也會逃走。

對不斷掙扎的魚，應該給一個適當的遷就過程，把釣線適度放長一些，任由魚兒拖著跑，等魚累了，再慢慢收線；這時魚再一次掙扎，釣者也再一次放線，魚累了，再收。經過幾個回合，魚兒會筋疲力盡，我們就可以很輕鬆地把牠拖上岸。

然而，還是會有一些比較精明的魚，被鉤住嘴巴時假裝奄奄一息，或者是眞的休息，當釣者快速收線的時候，魚突然向相反方向猛地一扯，或扯斷釣線，或拉直魚鉤，或撕裂魚嘴。無論如何，魚最終還是撿回了一條生命。

其實，我們也常常被一條無形的線不斷拉緊，於是你會掙扎、拼盡全力……至於能否像那條扯斷釣線的大魚一樣，再次獲得本該屬於自己的自由，就在於能否「放下」的心態。

我們根本沒有阻擋現實社會的能力，我們鬆垮得就像一個被無形、巨大的手擠乾了水的海綿一樣。在如今競爭日益激烈的社會環境中，爲了生活，我們不得不努力向上，拼盡全力。在這個沒有硝煙的戰場上，有的人仍舊一如繼往的碌碌無爲，有的人精神出問題，甚至走向極端。但仍有人高高地站在勝利頂峰上。

他們爲什麼能站在高峰呢？答案是：爬山爬累了，就休息一會兒，看看風景，養精蓄銳，爲更好的衝刺做準備。

就像彈簧，如果不斷地拉長，終究會有斷裂的一天。身體垮了，又怎樣繼續奮鬥下去呢？不會休息的人也就不會工作。累了，就看看外面的風景，或者在睡夢裡盡情地享受甜蜜與美麗吧！

做人不能太貪得而汲汲營營，要做快樂的自己，就要學會怎樣休息。休息時不要老掛念手頭上的工作，該放則放，自由伸縮，誰喜歡和一個投籃還要精確計算角度的人玩呢？

要知道，休息是爲了更有效率的工作。體力充沛了，精力恢復了，才有更大的力氣去挖掘自己內在的寶藏，使自己勝人一籌，爲自己開創一片新天地！

高僧坦山攜一弟子外出化緣，途遇一美貌少女無法跨過一片水窪地，坦山一把將她抱了過去。弟子見狀，責怪道：「師父，您一向教我們莫近女色，可是您今天爲何如此？」「什麼？是個女子？我早就把她忘了，你還抱著她嗎？」弟子聽了師父的話，既羞又愧，終於明白了「放下」的道理。

每個人都會有許多責任、欲望，如果這些東西被拿掉，人生就會變得輕飄飄、無意義，可是老背著，最終有可能讓自己累死在路上。生活原本是非常純樸和簡單的，電影《臥虎藏龍》裡就有一句很經典的話：「當你緊握雙手，裡面什麼也沒有，當你打開雙手，世界就在你手中。」人生一世，緊握拳頭而來，平攤雙手而去，有多少東西永遠也不可能屬於你。緊握雙手，肯定是什麼也沒有，打開雙手，至少還有希望，每一次放下是爲了下一次得到更多。

放下是一種超脫，是一種氣度。鳥在深林築巢，所棲不過一枝。人生在世，猶如過眼雲煙，諸如錢財、名利之類的身外之物，生不帶來，死不帶去，要太多也不會有什麼用途。爲人處世，瀟灑人生，無時無刻都需要學會放下。幫人解難，助人爲樂，需要學會放下；面對成功與喜悅，需要學會放下；面對因難與挫折，需要學會放下；面對物欲與名利，更需要學會放下。只有放下負重、虛榮、奢望，才能夠風和日麗，海闊天空，一生過得快樂而充實。

放下是一種昇華，是一種境界。如果蝌蚪總是炫耀自己的尾巴而捨不得放下，那牠將始終長不成自由跳躍的青蛙。時刻保持著簡單、平和，就會放下失落帶來的痛楚，放下失戀帶來的痛苦，放下耗費精力的爭吵，放下屈辱的仇恨，放下對權力的角逐，放下沒完沒了的解釋，放下貪欲虛名，放下煩惱，擺脫糾纏……

只有不斷捨棄自己不需要的東西、對人生益處不大的東西，才能在靜心中擁有一份快樂，使自己活得更加充實、坦然和輕鬆，讓生活變得更加精彩有意義。

人生中的許多事情，總是在經歷過以後才會懂得。比如感情，痛過了，才會懂得如何保護自己；傻過了，才會懂得適時地堅持與放棄。在得到與失去中，我們對自己有新的認識。不屬於自己的東西注定是得不到，該放則放，生活並不需要無謂的執著，沒有什麼是真的不能割捨。

智者曰：「兩弊相衡取其輕，兩利相權取其重。」放下是面對生活的清醒選擇，學會放下，才能卸下人生的種種包袱，輕裝上陣，度過風風雨雨，輕快地達到目的地。

3．適時選擇放下

雖然世界繽紛絢麗，生活豐富多彩，但誰都不可能擁有人世間所有美好。因此，我們就不得不選擇放下。比如，我們想要看到遠方的美麗風景，就不得不暫時放下舒適和溫馨的家庭生活；如果我們想要擁有淡泊寧靜的生活，就不得不放下金錢名利的追逐……

生命中有太多的事情需要我們鍥而不捨、持之以恆的執著，可是有時過分執著，卻會成爲生命的沈重負擔，它會在無形中壓得你喘不氣來，讓你在人生的路上走得又慢又累。一個人如果什麼都捨不得放，那麼縱使他有一副鋼筋鐵骨，也會被壓倒在地。

很多時候，適時的放棄比起毫無希望的堅持更有效。有時當你百般努力卻看不到成功的可能，不如選擇放棄，開始新的追求和努力。

雖然不輕言放棄、不安於現狀是成功的要件，但我們應該明白，它畢竟不是邁向成功唯一的正確選擇。

關鍵是，我們放棄的目的是爲了做出更好的選擇，追求更長遠的利益。

只有放棄溫室，美麗的鮮花才能在陽光的滋潤下盡情綻放；只有放棄安全的繭房，美麗的蝴蝶才能有機會在芬芳中自由飛翔；只有放棄海市蜃樓的迷惑，才能順利抵達目的地；只有放棄沈重的行囊，漫漫征程才能走得越遠；要想獲得更大的成功，你就必須懂得放下眼前的安逸生活。

每個人的內心裡都會有自己的一份追求，如果奮鬥的目標是切合實際的，那麼，即使過程再艱辛也有可能實現。然而，若是爲了一個違背客觀、實際的目標鍥而不捨，這種「堅持不懈」就會像「屠龍之技」一樣令人覺得可笑。莎士比亞說過：「最大的無聊是爲了無聊而費盡辛苦。」

古早以前，就有不少人熱中於「永動機」的製造，許多人甚至耗盡畢生的精力，最後卻無一成功。達文西也曾是狂熱的追求者之一，然而一經實驗之後，他便斷然放棄，並得出永動機根本不可能存在的結論。在他看來，那樣的追求是一種愚蠢的行爲，追求「鏡花水月」的虛無最後只能落得一場空。

世界上沒有誰完全是無私的，「貪」就是大多數人自私的共通性。然而，如果一味地緊緊抓住自己想要的東西始終不願放棄，那麼你只會爲自己帶來很大的痛苦和壓力，甚至是毀滅。社會經常上演著因貪名貪利、貪財貪色而賠上自己錦繡前程，甚至生命的案例。就如同有個孩子，把手伸到裝滿榛果的瓶裡，他想盡可能多抓一把，等他把手收回時卻被卡在瓶口，他既不想放棄榛果，又不能把手拿出來，只能傷心地哭泣。

如果你執意於曾經擁有就不能失去，執意於追逐與獲得，那麼你就很難走出自己患得患失的迷思。爲物所累，將成爲人生的羈絆。

歲月在艱難中躑躅而行，蹉跎而逝，驀然回首，才猛然發現，現實的殘酷根本就不允許我們有太多的奢望，而曾經所謂的執著也無非是碰壁後殘留的那一份愚蠢的堅持。上天對每個人都是公平的，一個人注定不可能在太多領域有所建樹，只有學以致用，根據自己的實際情況，而不是不顧外界因素和自身的條件而頭腦不清，冒然行事；我們應該清楚自己追求的目的是什麼？痛定思痛後，爲了自己心中那座最高的山，就應該適時選擇放棄。因爲只有把那些超出自己能力範圍的、超出自己精力範圍的空想放棄了，把那些不切實際的目標放棄了，我們才能在惋惜之餘得到解脫。同時也會漸漸發現幼稚的熱情已被成熟和穩健所代替，生命也會慢慢豐富起來，此時又有誰會說這樣的放下不是一種明智的選擇呢？

適時地選擇放下，能讓你更加清醒地認識自己的潛力和外界的現實，讓你疲憊的身心得到適當的調整，開始新的追求。有的人之所以不願放棄，是因為他不能正確地認識自己，不能正確地認識客觀條件，不能正確地審時度勢。放棄不是無奈的退卻，更不是心血來潮之時的隨意之舉，而是經過對客觀情況的縝密分析之後，沈著冷靜、堅強意志的結果和體現，是成功而明智的選擇。

一九七六年，英國探險隊成功地登上了珠峰，但萬萬沒想到下山的時候，突然下起了大雪。在這緊急關頭，他們只有兩條路可以選擇：一條路是紮營休息，但惡劣天氣很可能導致全軍覆沒；另外一條路是繼續前行，但必須放棄隨身的貴重物資和寶貴資料，還要在食物缺乏、隨時有生命危險的情況下前進十天。

在沒有任何人知道該怎麼選擇的時候，退役軍人萊恩率先丟棄了所有的隨身裝備，並和隊友們相互鼓勵，忍受著寒冷、饑餓和疲勞，不分晝夜行進。最後，他們終於到達了安全地帶，這個過程他們只用了八天的時間。這是一個驚心動魄、生死攸關的放下，教我們如何正確地對待和選擇放棄。

世間有太多太多的美好事物，已成爲我們苦苦追求與嚮往的對象，變成了我們活著的目的。殊不知，我們在不斷擁有的同時，也在不斷的失去。爲金錢所累，爲名利所累，最終你將會付出你的健康，甚至生命爲代價。

適時的放下是對生命的呵護。當今社會殘酷的競爭帶來的是沈重的壓力和難言的負荷，一些工作狂長期超負荷的工作，導致過勞死，或許他們在倒下的瞬間才會明白：健康才是最大的財富，雖然有人說錢是萬能的，可是它卻無法買生命。

人生多憾事，世事無圓滿，放下不是無奈的選擇。當愛情不再的時候，只有放手才能讓一切過往成爲美麗的回憶，夜半無眠的思念只會使這份殘缺的遺憾更加美好；放下一份沒有緣分的愛情，放下那份執著之後，那段因不捨而放手的傷感情緣將會隨時間的流逝而成爲過眼雲煙，成爲心底一道特別的風景。雖說人生有一定的追求是必要的，但要有切合自己的實際目標，絕不可盲目行事。在亮麗的生命中，只有放下成長路上的風花雪月，放下無望的守候，放下不必要的負荷，才能讓你活得更加輕鬆，使你有豁達明智之心，獲得新的擁有。

暫時的放下讓我們更加清醒地認識自己，反省自己，擺脫那些不必要的煩惱，讓疲憊不堪的身心得到適時的調理。

適時的放下，是一種明智的選擇。當你與人發生矛盾或衝突時，只要不是什麼原則問題，你絕對可以放棄爭強好勝的心理，大事化小，小事化無，化干戈爲玉帛，避免兩敗俱傷的結局。當你與親人發生摩擦時，一定要學會主動放棄爭執，因爲這樣會喚起對方的自省之心，使家庭保持和睦與溫馨……

適時的放下，有時意味著生命的清醒。在如今這個物欲橫流的社會裡，擺在我們每個人面前的誘惑實在太多：金錢、權力、地位、名利、美色……面對誘惑，如果不懂得放棄，一味地貪婪追逐，將會爲自己帶來太多無謂的煩惱和無盡的壓力，甚至可能毀掉自己。

許多人都認爲放下是懦夫的行爲，殊不知，正確、適時地選擇放棄應視爲勇敢。與其總是患得患失、左右爲難、猶豫不決、僵持不下，爲何不去思考：前進一步不可能，就後退一步呢？或許放棄之後，就是海闊天空。

著名的電影導演馮小剛在著作中講到，有一次，他寫一齣劇本，進展非常緩慢，十天半月還寫不到半集，最後竟一個字都寫不出來，腦子裡一片空白，每天看著打字機發愣。他憂心如焚、食不知味。就在他百般無奈的時候，朋友王朔毫不給面子地說：「別遮遮掩掩地放不下身段，寫不出來就放下吧！往最壞處想，大不了就慢慢還錢給人家，何必如此執著，換個方式試試。」王朔這句話讓他深思了好久，一天中午，他如釋重負，當即下令讓劇組停工。他說：「那種心情，比拍了一部大片還愉快。從此我發覺放棄並不是一件令人沮喪的事。」

馮大導演做的何嘗不是一個明智的選擇呢？所以，當你百般努力，仍與成功無期，就不妨學會放棄，換個方式，或許就會愜意無比。一個人若是走進一條沒有出路的死胡同，勢必要放棄，而如果是走上了一條若隱若現卻不會有結果的路，也要學著放棄。因爲很多時候，必要的回頭，常常會爲你帶來新的契機。不懂得放棄的人就無法懂得正確抉擇，永遠無法灑脫。

著名的作家瓊瑤，曾連續三年參加大學聯考，在此其間，她兩度自殺，最後還是因理科成績太差而落榜了。然而在生活無比黯淡的時候，她並沒有對生命失去信心，而是選擇了放棄考大學，從事寫作，最終取得了意想不到的輝煌成就。大文豪魯迅在體認到拯救人類靈魂勝於拯救肉體時，毅然棄醫從文，從此中國殺出了一員「中國文化革命的主將」。此類例子，不勝枚舉。

一個人如果過分地執著於一個不可能實現的夢想，或是過分地執著於一份沒有結果的愛情，就是一種負擔，甚至可以說是一種傷害。詩人泰戈爾說過：「當鳥翼繫上黃金，就飛不遠了。」只有學會「捨」，才會眞正有「得」。這抑或就是「捨得」的辨證所在。只有放棄了那些不可能實現的夢想，我們才有可能腳踏實地走出一條屬於自己的路來；只有學會放棄那些不可能有結果的愛情，我們才能重新摘取生命中屬於自己的那朵玫瑰。學會並懂得適時放棄的人，才會擁有眞正的幸福。在人生的行囊中，也只有丟棄沈重的贅物，才能輕輕鬆鬆地前行，達到成功的彼岸。

飛蛾撲火，只爲追求那一絲的光明；雄鷹展翅，只爲追求那一份高遠；碧波蕩漾，只爲追求那種恬靜。整天匆匆忙忙的我們，又在追求什麼呢？

陶淵明說：「採菊東籬下，悠然見南山。」他追求隱逸的生活。

裴多非說：「若爲自由故，二者皆可拋。」他追求無價的自由。

海子說：「我有一間房子，面朝大海，春暖花開。」他追求幸福。

高爾基說：「人生的每一刻都應該是高尙的。」他追求高尙。

萬物都是有所求的，每個人都與衆不同，所以我們的追求也不盡相同。無論我們追求的是實實在在的物質，還是虛無飄渺的意識，追求本身是沒有錯的。

你追求山的雄壯、海的廣闊，卻也無礙他陶醉於林的幽靜、溪的潺涓；你追求雄鷹鴻雁的高遠，並不影響他探尋鶯歌燕舞的情趣；你追求陽春白雪的高雅，並不妨礙他欣賞下里巴人的通俗……你是你，他是他。

雖然從某種意義上來說，追求本來是無好壞之分的，但人們幾乎都只想著如何獲得更多，而不知取捨。有人說過：「要想採擷一束清新的山花，就得放棄城市的舒適；要想做一名登山的健兒，就得放棄嬌嫩白淨的膚色；要想傾聽永遠的掌聲，就得放棄眼前的虛榮。」

人生苦短，生活就是爲了快樂，爲了讓快樂多一點，煩惱少一點，就讓我們學會放棄吧！人生，就是無盡的追求。人的一生所要追求的很多：功名利祿、榮華富貴。難道每個人的一生就只是爲了這些而存在的嗎？如果答案是否定的，那我們是不是應該學會放棄呢？放棄太多的奢望，或許你就會感覺海闊天空。我們每天或許在爲根本得不到的東西「無盡追求」。

美麗的花兒因爲懂得放棄，所以才能收穫豐碩的果實；秋葉因爲懂得了放棄，所以離開高枝投入大地的懷抱，只爲來年發出新的綠葉……

生命只有一次，我們不可能什麼都得到，必須學會有所選擇且有所放棄。一生中，有無數次機會，也有無數次的選擇，爲這些機會，爲這些選擇，我們總會毫無怨言地努力付出，期待能得到好的回報。然而有時事與願違，驀然回首，才發現得到的同時失去了更多……

4．放棄是一種智慧

有位大學教授特地向日本著名禪師南隱問禪。南隱先是以禮相待，卻不說禪，他將茶水注入這位訪客的杯中，杯子已滿卻還繼續注水。

教授眼睜睜地望著茶水不停溢出杯外，終於大聲說道：「已經漫出來，不能再倒了。」「你就像杯子，」南隱答道：「裡面裝滿了你自己的看法，你不先把自己的杯子倒空，讓我如何對你說禪。」

南隱是有道理的。如果我們只抓住自己的東西不放，就很難接受別人的東西。特別是現代社會，人性的自私使大多數人變得越來越貪婪，有些人什麼都不願放棄，結果卻什麼也得不到。

放棄不是失敗，是智慧；放棄不是削減，是昇華。

倉定先生是日本著名的經營顧問，他在《社長論》中如此論述：「產品慢慢上了年紀，銷售額難成長，效益日益低下，成了企業業績惡化的罪魁禍首。是否放棄這個產品，對企業的好壞影響極大。但因爲它曾經是公司的龍頭產品，所以企業遲遲不願放棄。『割愛』之難，在現實生活中是難以想像的。但是我們必須明白，捨棄本身才是革新的第一步。」

不懂放棄等於背著沈重的包袱生活。比如那些穿上去使你感覺很不舒服且式樣過時的舊衣服，如果你不扔掉，就只能讓它們佔據你擁擠的空間。

只有知道如何停止的人才知道如何加快速度。

滑雪，最難的就是停下來。剛開始學滑雪的人，看著別人滑雪覺得很容易，不就是從山頂滑到山下嗎？於是便套上滑雪板，一下就滑下去，結果可想而知，連滾帶摔吃足苦頭。也就是說，一個初學者根本就不知道怎麼停止、怎麼保持平衡。只有反覆練習怎麼在雪地上、斜坡上停下來，才能學會滑雪。

一個人擁有六顆蘋果，他沒有全部吃掉，只吃了其中一個，其餘五個分送朋友。他是這樣想的：「五個蘋果可換來五個人的友誼，當他們擁有水果時，也會與我分享。我可以從不同的人手中得到不同的水果，這裡一個梨，那裡一個橘。同樣是六件水果，卻能嘗到各類水果的味道。」仔細想想，放棄也是一種智慧。

有些時候，我們固執己見，死不放手，其結果只可能給我們帶來災難；相反的，如果我們嘗試著放棄，或許會得到意想不到的收穫。

人生的路漫長而遙遠，途中遇到障礙物，不一定要堅持勇往直前。放棄走捷徑，試試走其他路或繞過去。正所謂「條條大路通羅馬」，適時的放棄，其實是給自己留餘地，去開闢另一條光輝的康莊大道。

素有「世界第一交響樂團」之稱的柏林愛樂樂團，其首席指揮也素有「世界第一指揮」之稱，幾乎是所有指揮家都夢想著能夠成爲柏林愛樂首席指揮。然而，當柏林愛樂決定聘請英國著名指揮家西蒙·布特爾擔任首席指揮時，布特爾卻出人意料地拒絕了。許多人都對布特爾的放棄感到無法理解。對此，布特爾只是簡單說明：「柏林愛樂是以演奏古典音樂聞名於世，而我對於古典音樂的瞭解還不夠透徹，如果接受了邀請，恐怕不能帶領柏林愛樂邁上新里程。再好的機會，如果你沒有把握，那麼還是放棄爲好。」就在這之後，布特爾便默默地研究古典音樂，經過十年努力，當他再一次接到柏林愛樂的邀請時，布特爾沒有絲毫猶豫，毅然接受了邀請，也創造了音樂史上一次又一次的奇蹟。

吾生有涯，而萬物無涯。以有限的生命去追求無限美好的萬事萬物，只會疲憊不堪，徒勞無功。

一個懂得放棄的人，知道什麼該放下，什麼不該放下；他既不盲目追求不屬於自己的東西，也不輕易放棄屬於自己的東西。放棄該放棄的，那是勇氣；不該放棄的不放棄，那是豪氣。該放棄的不放棄，那是嘔氣；不該放棄的放棄，那是傻氣。

放下不等於拋棄，拋棄是妥協，是讓步，是徹底的失敗。放下是一種超脫，是激勵，更是策略——是爲了騰出空間來接納其他更多、更好的東西。

同樣，放下也是企業理性的價值判斷。企業的任何戰略決策和選擇必須建立在企業基本的價值判斷之上。具體地說，企業資源是統一於市場還是統一於技術，是做行業領導者還是做行業追隨者，是大衆化還是差異化，是成本領先還是技術領先，是區域深入還是全面推進等，都是企業必須做出的基本價值判斷，而這種價值判斷是企業進行戰略決策的基礎，在這種基礎之上，企業必須學會放棄，「有所爲，有所不爲」。

放下是企業聚集能力的策略。

「金無足赤，人無完人」，企業和人一樣，並非無所不能。有限的資源決定了企業有限的能力。企業的人力、物力、財力等資源要件，以及企業的產品力、行銷力、品牌力、資訊力、知識力等能力要件也有長有短。事實證明，那種「腳踏兩條船」、「魚和熊掌都要兼得」的理念和做法，很可能會稀釋企業的資源，分散企業的精力，導致企業在漫長的戰線上散兵遊勇，元氣大傷，最終被無情的市場淘汰出局。

放棄是企業戰略的智慧選擇。摩托羅拉公司放棄了製造，將製造中心託付給新加坡和中國，贏得了自己在研發和市場的戰略制高點。同樣，「買賣的松下」和「服務的IBM」放棄了「統一於技術」的戰略導向，而日立、SONY、HONDA、HP等則放棄了「統一於市場」的戰略努力。所以，放棄是一種基於戰略的價值判斷，是一種有進有退、以退爲進、以攻爲守、張弛有度的戰略智慧。

放棄是企業家勇氣和膽識的修鍊和考驗。企業家和普通人一樣，同樣會受到七情六欲的誘惑和影響。面對戰略選擇的諸多困境，選擇放下需要更大勇氣和膽識，需要非凡的毅力和智慧。所以說，企業家應勇於擺脫成功光環的羈絆，把企業的利益視爲最高的利益，把企業的持續發展作爲終極追求。面對規模、利潤等諸多誘惑，企業家同樣要耐得住寂寞，多一些沈著和耐力，少一些焦灼和浮躁。

有個人感到生活的沈重壓力，眼看無力支撐，只得去請教智者。

智者將他帶到一條五彩石鋪就的小徑，然後交給他一只背簍，要他順著小徑一路走下去，把喜歡的石頭都撿進背簍裡。

此人依言而行。紅色的，他感覺熱情奔放、絢爛奪目；白色的，他認爲晶瑩剔透、純潔無瑕；黑色的，他認爲神祕而厚實……一一撿進去，背簍裡的石頭越撿越多，雙肩越來越沈，後來，終於支撐不住，一跤跌坐地上。

智者見狀，吩咐他從現在起，把最喜歡的石頭留下，其餘的統統扔掉，再往前走試試。這一來，他頓感輕鬆無比，很快抵達了盡頭。

人的一生是一個曲折而漫長的過程，在此過程中，我們所要面臨的事很多很多，我們不能把一切都背負在身上。在取得的同時，還要懂得有所放棄，才會走得輕鬆自在。

5．你懂得淡然的滋味嗎？

大學者馬寅初先生有句「得意淡然」的名言，這是人生心態平衡的箴言，引人細細品味，涵義深遠。

淡然，就是淡泊一切名利，得意時應多想一想馬老先生「得意淡然」的教誨，切不可忘乎所以，唐人孟郊那種「春風得意馬蹄疾，一日看盡長安花」的驕橫之態斷不可取。

用坦然的心態與事，用淡然的心態與人，那麼你的字典裡永遠沒有「失敗」二字。

英國哲學家以撒·柏林說過：「生活的目的就是生活。」這是生命中的悠閒之氣、平和之態。孔子的生生和諧，莊子的知魚之樂，老子的天人合一，以及歷代詩人們「人閒桂花落」、「坐看雲起時」的心靈頓悟，都體現了坦然的生命形態。

「我心即佛。心安即是如意。」生活中的欲望，包括肉體的、精神的、物質的，時刻在誘惑著我們。究竟什麼時候我們才能不再爲欲望而左右？這是一個只有樹立正確的人生觀才能解決的問題。但現在還有很多人因為欲望而墮落、喪失人格。

只要有了正確的信念，即使是清貧，你也活得踏實，活得心安理得！

古往今來，人在名利面前有兩種態度：一種是淡薄名利，另一種是追逐名利。淡薄名利蘊含著一種清醒，包含著幾分哲理，折射出幾許光芒。高山望去，黃河奔騰，不過是九曲迴腸，大海無邊，不過是藍藍一點，有了這種坦然的心態，你就不會被名利所累，才能從從容容地過一生。

在這個虛偽而繁華的世界中，我們活得富足而空虛，因為抓在手裡的太多，把什麼都看得太重，捨不得放棄，於是，這種擁有就變成了負擔。慢慢地學會放下吧！試著用淡然的心態面對人生的得失，雖然沒有了太陽，但有月亮升起的夜空同樣也很美。

第4章

不做和豬打架的人

「不要和老鼠比賽，不要和豬打架。」也許我們看到這句話會發笑：可能嗎？我怎麼可能做這麼蠢的事？

但生活中的你，說不定哪天就會犯這樣的錯誤！

1．和豬打架的人

受到指責或是攻擊時，人們往往會方寸大亂、手無足措。這時你應該明白：你所做的每一件事都不可能令所有的人滿意。

有一位專家在大型演講會上放言高論，一名聽衆顯然難以接受他的某些觀點，他抓住演講人提出的一個問題發難，說了許多帶有侮辱性的話。他企圖使演講人上鉤，想使演講人捲入一場無意義的舌戰。可惜，演講者在聽到這些發難之辭後，只是說了聲「OK」，便繼續他的演講。他根本沒有理會這些不敬之詞，並表明不會依照別人的觀點來確定自己的價值。這樣一來，那個發難者自然是自討沒趣了。

遇到反對意見時，你可以發展新的思維，藉以自我修正，但是千萬不可屈服於別人的見解，或是因爲情緒的壓力而放棄自我，也不要打亂自己的計劃和安排，去應付指責。因爲無論你怎樣做，還是會有人反對你，只有讓事實證明一切。

你可能會發現，總有人習慣性地找碴生事，不是對你冷嘲熱諷，就是吹毛求疵。這些現象在現實生活中經常會遇到，而我們也常常「不得已」的捲入那些無聊的人和事。最後才發現，原來自己將大量的時間和精力投入到這些無休止的辯論中，是多麼的不值得。

我們經常會在網路聊天室或論壇碰到這樣的人，總有人想辦法和你鬥嘴。你一旦反駁，他就與你周旋個沒完沒了，像吃了興奮劑一樣，反正他也無事可做，樂得跟你較量辯駁……他走的時候肯定帶著得意的笑容，而你的心情卻被弄得一團糟。這樣值得嗎？

其實，世界上本來就沒有什麼是絕對的，偏偏很多人卻相信，一個問題只能有一個標準答案。

同樣的，你很難找出一個絕對的好人，也很難找出一個絕對的壞人。很多「好」的和「壞」的成分，都同時在一個人身上不可思議的和諧存在著。

正因爲很多人都認爲，一個問題只能有一個正確答案，所以堅信自己是對的，別人是錯的。他們堅信自己選擇正確的同時，也要求別人遵從他們的意見，而不允許不同的答案。他們很容易沈醉在自己設想的模式中，從來不去關心還有其他可能。在他們的眼裡，這個世界是靜態，而不是動態的，因爲他們的答案只有一個！

一隻小鳥站在雪地裡凍得快要死去，這時對面走過來一頭牛，在牠身上拉了一堆溫熱的牛糞，幸運的小鳥得救了；忽然又來了一隻貓，把小鳥拉出了牛糞，結果小鳥成了牠嘴下的獵物。

什麼是好，什麼又是壞？讓你陷入困境的就是敵人，把你帶出困境的就是好人嗎？也不一定吧！

那麼，好與壞的標準是什麼呢？

如果讓美國總統回答這個問題，高傲的人可能會說：「我是一位好總統。」謙卑的人可能會說：「我做得很糟，算不上一位好總統。」若是中庸的人，可能會說：「讓歷史作證，讓人民來說話吧！」

拿這個問題問人民。這個時代還未過去，還沒等到歷史來驗證，人民就分成三派，一派說好，一派說壞，一派沈默。

這個問題只好問神。

神或許說：「什麼是好呢？什麼是壞呢？在我看來沒有好壞之分。」

美國前總統柯林頓在白宮的一次談話中說：「如果要我讀一遍針對我的指責，甚至逐一做出辯解，那我不如辭職算了。我憑藉自己的知識和能力盡力工作，始終不渝。如果事實證明我是正確的，那些反對意見就會不攻自破；如果事實證明我是錯的，那麼即使有十個天使說我是正確的，也無濟於事。」

可是，有些無事生非的人總習慣性地找碴生事，那該怎麼辦？聽聽艾伯拉姆斯將軍說的：「別跟豬打架——到時候你會弄得一身泥，而牠們卻樂得很呢！」

「謠言有翅膀，但絕沒有靈魂。」有時候，與謠言糾纏，受到污染的卻是我們自己。嘗試一下，「別跟豬打架」，讓那些謠言自己散去。

我們都是爲自己而活，我們有信心去開拓屬於自己的人生道路，進而充實自己的生活，讓生活過得更瀟灑。生活本無顏色，是我們讓它披上了各種顏色的外殼。有的人虛僞地活著，有的人苟且地活著，還有的人坦坦蕩蕩，不受任何外界因素干擾，爲快樂而活，爲自己而活。富貴的人穿著華麗，貧窮的人只能衣衫襤褸，而往往只有衣著樸素，不追求外表華麗的人才是最快樂的。只有這樣，才能品味出眞正地快樂。

一個信心十足的人，總是精神百倍地學習，兢兢業業地工作，輕輕鬆鬆地生活。遇到挑戰，他能夠放射出人生的全部能量，面帶微笑迎接挑戰；遇到挫折，他不會失去勇氣和信心。滿園的玫瑰，哪一朵花下沒有刺呢？要想採摘，就不能怕有刺；人生的道路，哪一段沒有挫折呢？因此，要想獲得成功，就不能退縮，要勇往直前。走自己的路，讓別人去說吧！

2．你夠冷靜嗎？

綜觀古今中外，偉人都具備遇事不慌、沈著冷靜的特點。正因爲這樣，他們才能正確判斷局勢，應變局勢。冷靜是成功的必要條件。一般來說，人們只要不是處在激怒或瘋狂的狀態下，都能夠保持自制並做出正確的決定。健康穩定的情緒，不僅可以爲生活帶來幸福和暢快，還能在大難臨頭的時候，助你逢凶化吉、轉危爲安。

一位美國老駕駛員有二十七年的飛行經驗，他曾經在採訪中描述一段飛行史中最不平凡的經歷：第二次世界大戰時，他是「F6」戰鬥機的飛行員。一天，他們接到命令，從航空母艦上起飛後，來到東京灣。他按照要求，把飛機升到距離海面三百英尺的高度做俯衝轟炸，在當時，這已經是很高的高度。正當他以極快的速度下降並開始做水平飛行的時候，飛機的左翼突然被擊中，整架飛機翻了過來。天和海都是藍色的，人在飛機中最容易失去平衡感。飛機中彈後，他需要馬上判斷自己的位置，以便決定應該操縱他的飛機向上還是向下。在生死攸關的關鍵時刻，他什麼也沒有做，只是強迫自己冷靜思考，絕不能激動。他發現藍色的海面在他的頭頂上，明白自己的飛機是翻轉的。這時，他迅速推動操縱桿，把位置調整過來……在那一瞬間，如果不冷靜思考，只是衝動地依靠本能行事，一定會把大海當作藍天，一頭撞進海裡。這位老飛行員在回憶過後，語重心長地對記者感慨道：「是冷靜挽救了我的性命。」

有一些人面對從天而降的災難，泰然處之，總能保持平靜和開朗；也有人面臨突變而方寸大亂，一蹶不振。爲什麼受到同樣的刺激，不同的人會產生如此大的落差呢？原因在於是否冷靜應變。

現代醫學認爲，精神和性格在人體健康和長壽的因素裡，發揮非常重要的作用。一個人的精神狀態和性格特點，與先天遺傳因素有一定關係，但更重要的是後天的學習。面臨災難與煩惱時，我們必須反覆思考，清楚原由，才能很快穩定情緒，然後鼓足勇氣捫心自問：「我是否也失去了度過難關的信心？」這是冷靜應變的首要訣竅。

另外，要認知到不幸和煩惱是可以避免的，也許是自己鑽牛角尖，無端把自己和煩惱綁在一起，折磨自己。何必呢？

科學研究證明，情緒過度緊張和興奮引起的腦細胞機能紊亂，會令人失常。你若處於驚慌失措、心煩意亂的狀態，就不能夠用理性的思維來思考問題，因爲任何恐慌都會使歪曲的事實和虛構的想像乘虛而入，使你無法根據實際情況做出正確的判斷。當你平靜下來看不幸和煩惱，你會覺得它實際上並沒有什麼了不起。正視自己和現實，你將發現，所有的恐懼和煩惱只是你的想像，並不一定是事實。人所陷入的困境往往來自於自身，在突發狀況面前保持情緒穩定的前提之一，就是對自己和現實做全面和正確的認識。

當你處於困境，被暴怒、恐懼、嫉妒、怨恨等失常的情緒所包圍的時候，不可感情用事，隨意做出決定，要多想想，「別人可以透過冷靜度過難關，我爲什麼不可以激發自己的潛能去應付突變呢？」

冷靜平衡的心態，是任何一個不被突變所擊垮的人所必備的心理素質。要學會自我寬容，人世間沒有無所不能的人，人外有人，天外有天，要求事事精通、樣樣如意，那是不可能的，那只會使自己失去心理的平靜。去做自己可以穩操勝券的事，並集中精力去完成它，你一定會因此而感到莫大的喜悅。不要怕工作中的缺點和錯誤，成就只能在經歷風險和失誤的過程中完成。

不要對他人懷抱過高的期望，也不要百般挑剔，總是希望別人的語言和行動都要符合自己的心願，投自己所好，那只會自尋煩惱，保持心理平衡的重要一環就是要迴避煩惱，去做一些力所能及的事情，並以此爲榮，以此爲樂。

心情舒暢是冷靜應變的前提，也是結果，要盡情地從事自己追求的事業和工作，並培養廣泛的興趣與愛好，忘情享受人生、事業、娛樂帶來的喜悅。多給予人們眞誠的愛和關心，用讚賞的心情和善意的言行對待身邊的人和事，要學會寬恕，相信情感，要言行合一，不可勉強壓抑和扭曲自己的情感，這樣，你一定會得到同樣的回報。

所以，保持冷靜的心態，就是讓自己保持心情舒暢，找到一個心態平衡的支點。

3．絕對公平

世事本來就沒有絕對的公平。

如果眞的要講究絕對公平，那麼人就不得殺鳥，鳥不得吃蟲，蟲不得吃樹葉，樹木不得吸取泥土養分。

如果爲了公平，貓不得捕鼠，鼠不得偷吃，那麼誰養貓？誰餵鼠？如果爲了公平，鼠不可偷食，獅、虎、走獸吃什麼？

如果要公平，人不可吃肉，更不可傷害任何生物，那麼人類就不能在這個地球上生存，可能早就消失了。

人一生下來，就有貴賤之分，儘管可以透過各自的努力奮鬥改變和改善自己的命運，但畢竟出身不同，所需的奮戰程度也會不一樣。再說，有人幸運有人不幸，天賦才幹也各有不同。而且外貌、健康與生俱來，卻造就了決定性的人生差異，誰說世事能夠公平。至少，沒有絕對的公平。

俠者的精神就在於打抱不平，凡天下有不平事，俠者都要爲含冤受屈者討回一個公道。但那是公道，而不是公平。

所謂的絕對公平是不存在的，不公平卻隨處可見。

不要以爲美國的司法程序如何規範，米蘭達規則如何保障人權，非法證據排除制度如何體現人權，不要忘記他們的司法也在逐漸墮落。

自由的精神就是不能碰見什麼就想當然，只有深刻理解後才能釐清現實眞相。

小譚費了九牛二虎之力才進了一家大公司。這些天，十一樓的飲水機壞了，喝開水要到十五樓去提。每天提熱水壺往返十五樓自然成了小譚分內的事，因爲他在辦公室資歷最淺。一天上午，小譚到外面辦事，十一點多才回到辦公室。此時他已大汗淋漓，想喝水，但揭開熱水壺蓋一看，裡面空空。小譚很生氣，大聲說從明天起由同事輪流去提開水，卻沒人回應他，於是第二天上班後，他也不去提開水了……結果當天中午，他就被主管叫去訓了一通，要他做事勤快一點……

小譚心裡想，這太不公平了！覺得自己再也不能這麼夾著尾巴做人，於是他開始考慮跳槽了。

的確，這件事對小譚不公平，但在現代職場上，永遠也不會有絕對的公平！無論社會進步到什麼程度，企業管理如何變化，企業內部永遠是個金字塔結構，必然會有上下之分，也必然會有不平等的現象存在。企業是一台利潤壓榨機，與追求「公平」相比，它更喜歡「效率」。在一個公司內部，如果沒有合適的等級制度和淘汰制度，它就會因爲自己的「仁義」而失去競爭力，在競爭中被淘汰。因此，在現實生活之中，永遠不可能出現想像中的那種「公平」。

在大學裡，似乎一切都是「絕對公平」，如果你覺得什麼制度不合理，或者覺得哪個老師上課有問題，你隨時可以「公然上書」、「上殿諫言」，根本不用顧忌什麼。在別人眼裡，你很有「個性」，很有「氣魄」。而你的行爲也有可能讓你的老師對你另眼相看，把你當成人才。但是進入職場之後，「人人平等」變成了下級和上級不可逾越的界限，「言論自由」變成了盡可能地服從。在這裡，你要先學會適應，而不是施展個性和魅力。如果你經常對公司的制度提出質疑，或者動不動就「上書」，結果就是搬起石頭砸自己的腳，最終還可能飯碗不保。身爲職場新人，第一件事是學會夾著尾巴做人，只有經歷這樣的精神蛻變，你才能成爲眞正的職場中人。

對於職場上種種不公平現象，不管你喜不喜歡，都是必須接受的事實，而且最好是主動去適應這種事實。追求公平是人類的一種理想，正因爲它是理想而不是事實，所以身爲社會新人，你除了適應別無選擇。不管你在學校成績多麼優秀，才華多麼橫溢，離開學校進入了職場之後，一切都要重頭開始，你與其他人都一樣，只是一個普通的新人而已。

職場上雖然沒有眞正的公平，但是它也僅僅侷限在辦公室裡。職務的高低與個人價值的高低並沒有什麼直接的關係，職銜只是企業管理的需要，所以，你大可不必把這種不公平看得太認眞。

這世上沒有絕對的公平，一味地追求絕對公平，只會導致心理嚴重失衡，使自己浮躁不安。其實，事事都是公平的，那麼，公平在哪裡呢？公平就在每個人的心裡。

「這不公平！」人們常常都認爲公平合理是人際關係應有的條件，每當發現周圍有不公時，心裡便不高興。要求公平並不是錯，但如果因爲不能獲得公平，就產生消極的情緒，那就應當稱之爲「心理有問題」。

絕對的公平並不存在，這個世界也不是根據公平原則創造的。譬如，豹吃狼，狼吃獾、獾吃鼠、鼠又吃……只要看看大自然就可以明白，對於受到威脅的弱者來說，生命永遠是不公平的。優勝劣汰，沒有公平可言。人類社會裡，不平等的現象也很常見。人們每天都過著不公平的生活，快樂或不快樂，這與公平無關。絕對的公平過去不曾有過，今後也不會有。

當我們在生活中受到不公平待遇時，就需要拿出自己的智慧挑戰不公平。

相貌源自遺傳，不容個人選擇，很多人對此忿忿不平：「我爲什麼長得其貌不揚？我的個子爲什麼這麼矮……」身有殘疾的人，更是抱怨老天的不公。有的人自暴自棄，就連心理也有了缺陷，而有的人卻滿懷信心挑戰各種困難，戰勝了自己，讓自己的人生變得完美。

人的先天缺陷在出生時就已決定了，而出生後，只有靠健康的心理來彌補不足。美國總統林肯的好朋友曾向林肯推薦一個人來任職，受到拒絕後，他不解問道：「怎麼能憑相貌來判定人的好壞呢？」林肯回答：「四十歲以後，每個人得對自己的相貌負責。」

如果你兢兢業業工作，還不如那些能力比自己差但會討好主管的人受重用，你會心生不滿，覺得自己沒有得到公平的待遇。這種處境不僅壓抑人的良好心境，還會對健康產生不利影響，而且扼殺聰明才智與創造力。

美國心理學家亞當斯提出的「公平理論」，認爲職工的工作動機不僅受自己所得的絕對報酬（即實際收入）影響，而且還受相對報酬（即與他人比較的相對收入）影響，人們會把自己付出的勞動與所得報酬和他人比較，如果覺得不合理，就會產生不公平感，以致心理不平衡，進而對健康產生不良作用。因此我們必須採取措施來消除這種不平衡心理的傷害，穩定自己的情緒。

一般情況下，當我們遇到不公平時，可以採取下述做法：

(1)不必事事苛求公平。要求每件事都公平，容易使人的心理受到傷害。其實，世界上根本就沒有絕對的公平，我們也不必事事都拿著一把公平的尺去衡量，否則就是和自己過不去。

(2)透過自己的努力來求得公平。比如，有些人認爲只要工作踏實、能力強就應得到主管的青睞，而把主動與主管搞好關係當成了逢迎拍馬。其實，主管也是人，也需要得到別人的尊重與肯定，所以有些看似不公平的牢騷，其實全都是自己不成熟的觀念與言行所致。

（3）改變衡量公平的標準。不公平是一種主觀感覺，所以只要我們改變一下這種比較的標準，就能夠在心理上消除不平衡感。比如，自己這次沒獲得晉升，覺得很不公平。如果換一個角度想想，你就會發現這次晉升的名額非常有限，許多條件比自己強的人也沒評上，這樣一想，你就心安理得了。

有七個和尚每天早上都要分食一鍋粥。爲了公平起見，大家發揮各自的聰明才智，想出了很多辦法，形成以下幾種規則——

規則一：指定一個人負責分粥，讓他成爲專業分粥人。可是大家很快就發現，這個人爲自己分的粥最多，於是又換一個人。結果都一樣，負責分粥的人碗裡的粥總是最多、最稠。權力導致腐敗，絕對的權力導致絕對的腐敗。

規則二：指定一名分粥人和一名監督人，剛開始比較公平，但後來，分粥人與監督人從「權力制約」走向「權力合作」，於是他們倆分到的粥最多。最後這種制度也失敗了。

規則三：誰也信不過誰，乾脆大家輪流負責分粥，每人一天。於是每個人都有爲自己多分粥的權力和機會。雖然看起來平等了，但是每人在一週當中只有一天吃得飽，其餘六天都饑餓難挨。

規則四：民主的選舉出一個品德高尚又信得過的人負責分粥。這個人開始時還能公平分粥，但不久以後，他就故意多分給自己和對自己逢迎拍馬的人。大家一致認爲，不能放任他腐化和敗壞風氣，還要尋找新制度。

規則五：民主的選舉一個分粥委員會和一個監督委員會，形成民主監督與制約機制。基本上算是做到了公平，可是由於監督委員在分粥前經常提出各種議案，分粥委員會又據理力爭，等他們的討論會結束後再分粥，粥早就涼了。這個制度的效率太低。

規則六：對於分粥，每人均有一票否決權。這有了公平，但是恐怕最後誰也吃不到粥。

因此說，世上沒有絕對的公平，就連起碼的公平都不會有！

4．坦然看待人生

有時候我們會禁不住感歎「活得眞累」！在那些不順心的日子裡，我們也會感覺過得眞煩。在尋找了千百種理由之後，回首曾經走過的歲月，我們會驚奇地發現，其實生活賜予我們的並沒有比別人少，不同的僅僅是我們的胸襟缺少一份「坦然」。

當你看見那些早出晚歸的農民，在晚霞的輝映下回家時，那張寫滿疲倦的臉上卻洋溢著朝霞一樣的笑容；當你看見那些戀人在分手時，雖然臉上帶著無奈的笑容，眼裡帶著淡淡的哀傷，卻依然瀟灑的揮揮手，互道一聲「珍重」時……你的內心不禁會這樣感歎：坦然眞好。

「天空留不下我的痕跡，但我已飛過。」這也許是對坦然最好的詮釋。坦然，是一種失意後的樂觀！坦然，是沮喪時的自我調整！坦然，其實就是平淡中的一份自信和瀟灑！

成敗與得失並不是我們所能預料的，很多事情也並不是我們能掌控的，但是只要我們努力去做，求得一份付出後的坦然，得到的仍會是快樂。

生活可以給我們無數的挫折和失敗，但是只要心中坦然，沒有人可以奪走我們快樂生活和追求自由的權利。

沒有藍天的蔚藍，我們可以有白雲的飄逸；沒有大海的壯闊，我們可以有小溪的悠然；沒有花朵的芬芳，我們可以有小草的青翠。

生活裡沒有袖手旁觀者，每個人都有一個屬於自己的位置，也都能找到屬於自己的精彩。

坦然，會讓我們的生活多姿多彩，充滿快樂。

現代心理學認爲，人的喜樂悲愁雖然受外界環境影響，但主要仍取決於自己的心理承受力和心態。客觀因素比較複雜，但主觀因素卻是可以調整的；你絕對可以不爲功名利祿所誘，不爲榮華富貴所累，做一個心地坦然的人。

有句詩說：「處處綠楊堪繫馬，家家有路到長安。」其實，坦然就是一條寬闊的人生之路。

一個富翁出去旅遊，當他看到貧窮的漁夫竟然也悠閒地在這個舉世聞名的渡假海灘上曬太陽時，感到不可思議，忍不住上前問漁夫：「你爲什麼不去工作呢？」

漁夫回答說：「我今天已經工作過了，捕的魚已夠我一天生活所需了。」

富翁不死心：「那你可以捕多一些魚，多賺點錢嘛！」

漁夫問：「要那麼多錢做什麼？」

富翁說：「可以買更多的船，雇人幫忙捕更多的魚，賺更多的錢，然後有自己的船隊，建立遠洋航運公司，最後當上大富翁。」

漁夫問：「當了大富翁又怎麼樣？」

富翁說：「那你就可以不工作，躺在這個世界著名的沙灘上曬太陽呀！」

漁夫哈哈大笑：「我不正在這裡曬太陽嗎？」

生活本身是什麼？對於這個故事，我們不應只把思維停留在「殊途同歸」的意義上，人生更是一個追尋，是在追問「我是誰」中自我完善的過程。當我們把生命的每一刻都變成一次愛、一回感恩，那麼無論現代人的享樂風氣如何挑釁你，現實的價值觀怎樣催逼你，你都能置身於喧囂的俗世之外。

凡是坦然的人，都生活在心裡平靜、無憂無慮的日子裡。誰不祈求坦然的生活？然而，要想眞正做到坦然，更需要有「謀事在人，成事在天」的心境，需要拒絕名利的誘惑，淡泊的人生中不以別人的眼光爲座標。生活中，只要你能守住自己的良心和信念，就不會去抱怨世事和環境，也不會因外面精彩的世界而見異思遷。

守住「眞我」，生活才會充滿眞正的歡樂和喜悅，才能眞正懂得感恩和讚美。

著名作家巴金一直把時代的進程、歷史的呼喊、人民的甘苦放在第一位，這就是作家和文藝工作者的「社會使命意識」。巴金晚年的時候，資助農村孩子上學，把希望播種給未來；呼籲建造博物館，把思維傳遞給全民族；參加日本國際筆會，把愛的陽光撒向全世界……正因爲這種意識，巴金的作品在二十世紀的中國文壇上光芒四射，和他的作品成爲一代又一代後人學習和敬重的楷模。

巴金的出衆成就和高壽有一個很關鍵的原因，那就是他有著坦然的心態……坦然地接受歷史的考驗，坦然地接受各種名義的「審判」，坦然地看待人間的喜、怒、愛、樂。他知道，作家只有把心交給讀者，讀者才能用心去「讀」自己的作品，所以在讀者面前他坦然；他領悟到，作家只有把自己痛苦的掙扎過程表露給讀者，讀者才能在自己痛苦的同時感應作家的痛苦，進而領會作家的痛苦並和作家一起應對共同的痛苦。有位哲人說過：「世界是不完美的，存在也是有缺陷的；因爲有了藝術，世界

才變得完美，存在也變得親切！」巴金坦然的心態，爲他的創作提供了良好的條件。

5．你改變了嗎？

每個人的一生中都會有許多遺憾：有時間，卻沒有錢；有了錢，卻沒有了時間；有能力，卻沒機會；有了機會，卻沒有能力；年輕時用健康換金錢，老了又用錢來買健康……但這都不是你最大的遺憾，人生最大的遺憾莫過於：「我已不屬於這個時代了！」

現實生活中，我們最容易產生這樣消極的想法：自己這輩子己經踏上一條既定的軌道，對明天不會再有衝動或欲望，只要安分守己、按部就班地走下去就可以了。如果你產生了這種想法，那麼你的鬥志與進取心就會消失，這是非常可怕的，它代表著你已習慣自甘平庸。

一個算命先生爲人算卦，說這個人二十多歲時諸事不順，三十多歲時雖多方努力仍一事無成，那個人焦急地問：那四十歲呢？算命先生說：你就已經習慣了。

人生經歷一連串的磨難之後，難道我們眞的要被迫接受這種無奈的現實，或者就這樣麻木不仁地走向人生的終點嗎？

這個時候，相信每個人都會在心裡大聲對自己說：「絕不！」經過磨練之後，我們固然沒有取得別人眼中的成功，但這並不意味著我們就必須放棄。我們可以為自己設定一些更加切實可行的目標，盡力做好自己手頭的每一件事，執著地爬上自己的高峰，而不是輕易給自己下結論。只要開始行動，就不會太晚；只要努力去做，就有可能成功。

世界上的第一輛火車與馬車賽跑，居然被馬車遠遠甩在後面，這是一件多麼失敗的事情！但是火車的發明者史蒂文森並沒有因此而放棄，他強打精神，對火車做進一步改良，為現代火車打下了基礎。所以，失敗並不可怕，關鍵是我們要積極面對失敗！

清代文學家蒲松齡落第之後，發奮著書，寫出了流芳百世的《聊齋志異》；著名的化學家歐立希經歷了六〇五次的失敗，才發明了藥物「六〇六」；「發明大王」愛迪生在一次發明過程中失敗了八千多次，但他仍樂觀地說：「失敗也是我所需要的，八千次失敗，起碼說明了這八千個方法行不通。」就連失敗了這麼多次的科學家都這麼樂觀，我們面對小小的一次失敗又有什麼可怕的呢？

其實，失敗是助我們登上頂峰的天梯，是幫我們渡過大洋的帆船。

當我們經歷過一次次的失敗之後，往往會失去熱情和活力。作家葉天蔚曾寫過一段話：「提及熱情，或許人們首先想到的是男歡女愛，其實不然，熱情是一種生活態度，更是一種精神！」

青春年少時，無論誰都會對生活充滿激情與嚮往。然而，日子的平淡與無聊、工作的平庸與乏味、情感的淡漠與波折，都讓熱情一點一點耗盡。

我們不應懼怕困難與挑戰，至少是它賦予我們鬥志，正所謂：「生於憂患，死於安逸。」智者往往不懼失敗的壓力，憂患反而激發生存的力量，最糟糕的境遇不是貧困，不是厄運，而是心境處於一種不知不覺的疲憊狀態，當生命中曾感動、吸引，甚至激怒過你的一切已不能再觸動你時，你便失去熱情了。

對於倦怠者來說，尋找熱情，是一種重要的自救方式。

詩人說：「花朵把春天的門推開了，綠蔭把夏天的門推開了，果實把秋天的門推開了，飛雪把冬天的門推開了。」你可以說：「星辰把黑夜的門推開了，堅韌把苦難的門推開了，熱情把生活的門推開了。」

朋友，你是否問過自己一個問題：對於現在的生活，我是否滿意？如果答案是肯定的，那就要祝賀你；如果答案是否定的，那你是否自問過：對於現在的生活，我爲什麼不滿意呢？當然，你可能會舉出一大堆例子，比如；生活太單調了、工作不如意、感情沒有寄託……

這些繁瑣的問題的確讓人感到頭痛，也許會讓人心情非常鬱悶。或許你會在心裡對自己感到強烈不滿。可是你有沒有想過這是爲什麼？你爲什麼要選擇讓自己鬱悶呢？

我們不能改變命運，但我們可以爲自己選擇過什麼樣的生活。生活是豐富多彩的，只是每個人的選擇方式不同而已。就好像有人習慣使用右手，有人習慣使用左手，但我們爲什麼不能改變一下呢？使用你的左手試試，使用你的右手試試，看看有什麼樣的感覺。當然，感覺可能很好，也可能很糟糕，但這都是生活。

如果生活太單調了，你可以把它變得豐富些。吃慣了米飯可以換麵條；工作不如意，可以換一種工作方式，讓它變得如意；習慣留長髮，可以試著去剪一個平頭，甚至光頭也未嘗不可；習慣穿某一款式的衣服，爲何就不能換另一種款式、另一種顏色；習慣用鋼筆，有時改用鉛筆，可能會寫出更好的東西……

總而言之，生活由你選擇，生活可以改變，換一種生活態度來改變自己，你就會過得更加快樂、更加開心。

朋友，你改變了嗎？

第5章

知道自己是幸福的

其實，你的財富無處不在，你是幸福的。你現在的不如意、逆境、挫折乃至苦難都是你的財富！在逆境中，我們會承受各種考驗與錘鍊，而後百鍊成鋼，成就我們非凡的意志和能力。逆境並不可怕，可怕的是你把它看成結局而不是過程！

1．找到自己真正的快樂

只要懂得收集快樂，我們的心情自然就會好起來。其實找到快樂並不難，找到屬於自己眞正的快樂卻不容易。

有些人或許以爲有錢有勢才能快樂，事實是不是這樣呢？有錢有勢的人，往往將快樂建立在別人羨慕的眼光之上，這種快樂並不眞實，也不會長久；而物質條件簡陋的人，如果能安於清貧，也能找到屬於自己的人生快樂，正所謂知足常樂。所以說，苦樂與否在於心境如何，而不在於外在環境。

雖然每個人都在追求幸福，卻很少有人眞正瞭解幸福的內涵和根源，只知道從外在環境中不停地尋找。有些人將人生幸福建立在物質改善的基礎上，爲了掙錢絞盡腦汁、不擇手段，那些人雖然掙到了錢，但幸福卻未必到來，甚至會在物欲橫流的社會中迷失自己。只從外在環境中尋求快樂，而不從內心尋找，這實在是捨本逐末。

所以，心靈健康才是幸福的關鍵，其次是身體健康，再次才是財富。幸福不能沒有財富，因爲生存離不開物質條件，但光有物質條件，沒有健康的心靈和身體也不行。就好比病人，即使是再好的東西也不覺得可口；就像帝王，權利和財富雖然都到達了頂點，但是如果沒有好的心情，他同樣不會感到眞正的快樂。

雖然我們可以逃避環境，逃避人際關係，但是我們無法逃避自己的心靈。如果心中有煩惱，無論置身如何優渥的環境，我們還是一樣不能開心。面對人生，也就是面對自己的心靈，因爲苦和樂都來自於心的感受，來自於心的認知。

走在街上，看見他人高昂著頭，臉上洋溢著微笑，彷彿這世上所有的一切對於他們來說都是舒心的，鬱悶的我們就會不禁在心中問：他們那麼快樂，到底是因爲得到了什麼？

幾個孩子專心地玩著手中的泥巴，還不時發出清脆的笑聲。這些貧窮的鄉下孩子根本就沒有玩具可玩，然而，幾塊他們身邊隨手可以找到的泥巴，就足以使他們快樂起來。

快樂其實就在我們的身邊，它無時無刻都像孩子們身邊的泥巴那樣存在著，只要我們肯隨手拾起。

然而，很多時候我們還是快樂不起來，儘管我們翻越了千山萬水，走過了大街小巷，還是沒有找到值得我們快樂的事情。這該怎麼辦呢？

那就僞裝快樂吧！不信，你到大街上去，送給你看到的人一個微笑，雖然你的內心非常煩惱，但你一定要裝出開心的樣子。這樣一來，他們也一定會還給你一個微笑。就是那些想要對你發火的人，看見你的微笑，也不好意思對你發怒了！那麼，你不是已經使別人快樂起來了嗎？別人能快樂起來，難道你還不能快樂嗎？

不知從什麼時候開始，我們已經忘記了眞正快樂的感覺。我們總是羨慕別人的生活，觀察別人生活的點點滴滴，想從中找到屬於我們自己的最終答案。

其實，不管你在不在意，時間還是照樣流逝，生活依舊像公式。生活的各種壓力接踵而來，眞正的快樂已成爲一種奢侈品。然而，如果我們靜下心來細細地想，那刻骨銘心的快樂感覺往往是在痛苦過後，比如大病康復過後、機會失而復得後、艱難逆境過後。這種快樂叫做「有驚無險」之樂，當時的心花怒放自不必說。可是人生畢竟不是戲劇，不可能天天上演驚心動魄的一幕，或許快樂與痛苦天生就是一對雙胞胎，我們在無數個平淡的日子裡感覺不到痛苦，自然也就忘記了快樂的滋味。

天眞快樂，這些是屬於小孩子的專利，爲什麼很多人回想過去總覺得比現在快樂呢？我們在孩提時代，一切新鮮即快樂；在學生時代，只要不考試便是快樂；即使是在緊張的高三，在大考壓力下快要窒息的日子裡，能好好地睡上一覺、吃上一頓，也覺得很快樂。而現在，這些又能算什麼呢？我們現在或許已經擁有很多，卻始終找不到過去的那種快樂感覺了。

那麼，就把過去的快樂姑且叫做「單純的快樂」吧！人嘛！隨著一天天長大，所見所聞也越來越多，欲望也愈大，很難滿足自己。一旦你以爲帶來快樂的事告吹了，那麼你的快樂也就被打入十八層地獄。成年的快樂不再單純，總帶著某種功利的色彩。這樣的快樂讓人好累啊！

「單純的快樂」才是我們的心靈所需要的眞正慰藉，但願「單純的快樂」不會隨著時間的推移、世事的變遷而被人們遺忘，快樂就該是單純的！

什麼是眞正的快樂？每個人都有自己不同的標準和答案。但是不管如何，快樂的人永遠明白「享受一切」的重要性。

現代生活充滿各種壓力，人與人之間似乎陷入了奇怪的競爭場中，讓我們很難享受到眞正的快樂。

有一位偉人曾說過：「人的快樂和他們決心所要的快樂差不多。」也就是說，我們一直是按照自己的想法去思考快樂這回事，陷入了自己的思維圈套，在自己設定的圈套中不能自拔。

我們要面對現實，去充分地享受生活的快樂。當然，除了加強和朋友、同事、家人之間的互動之外，更應該去挖掘自身的快樂根源。現實生活的壓力讓我們思維受到阻礙，那麼就先從思維入手，認眞思考和盤算自己的計劃與夢想，自問：「我到底想要什麼？」我們不能因爲現實的嚴酷、工作的辛苦，而拋棄了自我。

我們選擇的是一種努力爭取的快樂；遠離痛苦，是無爲的避世；面對苦難，才是人定勝天的入世。眞正的快樂，需要我們自己努力去爭取，以積極入世的心態，在現實中找對自己的方位、重新辨識自我的同時，找到屬於自己的快樂。因爲是你自己，所以你快樂，你也就得到了眞正的快樂。

感謝自然給予我們陽光、空氣、綠水；感謝母親給予我們生命，感謝老師給予我們教導，感謝朋友給予我們幫助……對很多人充滿感謝吧！這樣，人與人之間才會更加和睦與親切。擁有一顆感恩的心，任何困難都會迎刃而解，你也會找到屬於自己的成功與歡樂。

在這個世界上，萬物都是相互依存、相互影響的，無論是父母的養育、師長的教導、朋友的幫助，還是大自然的慷慨！自從有了生命的那刻起，我們就無時不處於領受恩惠的氛圍中，學會感恩，懂得珍惜。

不要總把別人的幫助視爲理所當然，學會幫助別人，學會感激別人，學會愛別人，擁有一顆感恩的心，你才能得到人生眞正的快樂。

2．把快樂還給自己

植物中，愈名貴的花卉愈矜持，花開得愈少。有一種大眾花卉，名字叫「四季海棠」，草本，天天開花，紅花纍纍掛在枝上。四季海棠開花，像是笑聲最多的人，看到了什麼都笑上一陣，是花裡面的幽默者。

其實，幽默者並不是遇到幽默之事最多的人，而是發掘快樂的人。兩者的區別就在於態度的不同。

海棠開花，就好像感恩，感激給它澆水施肥的人。詩經云：「投我以木瓜，報之以瓊琚。匪報也，永以為好也。」它更感激天上的太陽，如果沒有陽光，哪會有紅花？海棠趁著水多、肥多、陽光多，把花開得愈來愈多。為花開賦予快樂的寓意，未必合乎植物學的道理，和人生卻有著相似的地方。

窮有窮的困窘，富有富的艱難。若是等到成功之日才展顏一笑，恐怕早已忘了笑的方法了吧！

況且，一個大成功是由無數個小成功和小失敗連貫而成的，前程總是撲朔難料，

執著於大勝利，實在是一件讓人笑也笑不出來的難事。成功並不一定是快樂的前提，如同花開的理由不一定是因爲名貴。人生不見得非要伴隨成功，但人生一定需要快樂。快樂是什麼？是安慰，是感恩，是在缺少光亮的前途上找到光亮。沒做成或沒做好的只是某一件事，而不是所有的事。不論處境多麼狼狽，我們仍然要感謝世上許許多多的人給予我們的照顧。對海棠而言，花開就是理由。

偏執的人根本就不快樂。他們爲開花設定了一百個前提，少一樣也不開。這樣的人擔著「完美主義者」的稱譽，但他絕不會完美。終日皺著眉頭是完美的表現嗎？

挑剔的人也是不快樂的。世界的組成方式，人群的組成方式，以及天氣、藝術、生活的組成方式都不是爲挑剔的人們所準備的。挑剔的人也想快樂，但沒時間，也沒機緣。他們整天忙於挑剔，哪有什麼功夫快樂呢？

如果你不快樂，那是不是因爲你心中有個「自我」在作怪？有花不妨先開放出來，不一定非要比某某花香，比某某花豔。我開我的，你開你的。開出一朵，就已經找到了生活的意義與價值，這些價值比我們所想像的要多得多，也大得多。既然如此，你不妨時時快樂，就好像四季花開。

如果問你，你最大的願望是什麼？是事業成功、家庭幸福、財富充裕、身心健康……其實，我們潛意識裡最大的願望是擁有快樂。因為事業成功會讓我們快樂，家庭幸福會讓我們快樂，財富充裕會讓我們快樂，身心健康會讓我們快樂……我們一生所追求的、所奮鬥的，其實就是為了讓自己過得更快樂一些。可是，在生活、工作節奏不斷加快的今天，累了一天的我們捫心自問：我快樂嗎？答案可能令人失望。

要做一個快樂的人並不難，因為快樂就藏在我們自己心中。所謂快樂的人，是抱持著某種特定態度的人。我們不能悲觀等待快樂，而應樂觀地去創造快樂。

不可否認，我們生存在一個日新月異、急速變化的時代。來自工作、情感、家庭和人際關係等各方面的壓力，會使我們不由自主地產生消極的情緒，做出悲觀的行為。但壓力就是動力，有其正面的價值，它不是給我們帶來動力，就是指引了一個方向。我們必須從認識和接受自己的情緒開始，然後才能樂觀地去面對現實，挑戰現實。

莎士比亞曾說過：「世事的好壞，全看你怎麼想。」事情既然已經發生，自然有它發生的理由，我們未必能夠知道理由，唯一能做的就是積極面對已經發生的事情，主動尋求自我改變和解決的方法，給自己一個創造成功和快樂的機會。

當下，就是我們能眞正抓住的時刻，也是唯一能夠抓住的時刻。人生短暫，我們應該珍惜眼前的擁有，把握現在的機遇，做自己快樂的主人。每個人都是自己生命的設計師，人生的幸福和快樂都由自己掌握。拋開一切負面的影響，主動出擊，才能獲得快樂。

看看我們周圍，許多人都在努力打拼，可是結果又怎樣呢？辛勤的付出換來的是滿腹的抱怨、牢騷、歎息、淚水，甚至是血水。單從金錢方面來說，囊中羞澀的確使人不快樂；但大明星、巨富們情場失意、後院失火，他們也同樣不快樂，正所謂「沒錢的苦惱，有錢的煩惱」。

一切快樂的基石是自知。我們與其追問如何才會快樂，不如先回過頭來問問自己：我爲什麼不快樂？饑渴的人只要吃飯、喝水就滿足，我們一個勁地向外尋找快樂，而疏於面對自己找出事實，於是離自己的眞實感受愈來愈遠，也就愈來愈不快樂，愈加依賴外物，最終墜入夸父追日，渴死中途的迷陣……

快樂要從察覺自己開始，這也是生命的美麗特質。人的喜、怒、哀、樂就像大自然的春、夏、秋、冬一樣輪迴，不斷替換。這四種基本的情緒皆傳達出我們與外在環境互動時的反應。

當你帶著「覺察之心」來關照自己，就一定會從生活中頓悟許多「驚喜」；當你試著去覺察、去體驗你的悲傷和憂愁，還有恐懼和無助時，會開始溫柔地對待自己，充分感受那流動著的生命，你的內心便會有無限的喜悅與滿足——那就是智慧的開始！

也因爲你覺察到了心靈帶給自己對生命的更深領悟，這給了你對生命的更多選擇，而更多的選擇將爲你帶來更大的自由。與此同時，也培養你更強的責任感，拓展了生命中更多的可能性，你的生命品質也將從此大爲提升。

3．向自己求快樂

快樂是無需任何附加條件的。快樂是每個人天生的權利，快樂是人生的選擇，快樂就在我們心中！每一年、每一天、每一時刻，都會有快樂在我們的心中流淌！

朋友，你有過在陰雨天裡坐飛機的體驗嗎？當飛機升空時，透過窗戶向外可以看到什麼？當飛機越飛越高進入雲層，你又可以看到什麼？它只是灰濛濛的一片濃霧。待飛機越過雲層時，會看到什麼景象呢？那是一片碧藍的天，無論此刻地面是陰雨連綿，是雷電交加，雲層之上的天空永遠是晴空萬里，遠處的雲團像一群群的綿羊。其實，我們的心也和天空一樣，本來是圓滿、寧靜、晴空萬里的，可是不知從什麼時候開始，一些烏雲把它給遮住了。很多人都說一生中最快樂的時光是無憂無慮的童年！

爲什麼長大後就不快樂呢？因爲我們開始有了「憂慮」，開始懂得什麼叫「嫉妒」，什麼叫「後悔」，什麼叫「煩惱」，什麼叫「愛」！

其實，很多時候我們並不是眞正知道什麼「憂慮」、「恐懼」、「愛」，我們經常會搞錯煩惱的對象。本來應該快樂的卻在「憂慮」，本來應該高興的卻在「生氣」，本來應該幸福的卻在「後悔」，本來應該是有勇氣的卻在「害怕」……

大自然其實早已暗示我們如何踏向幸福快樂的人生，而答案就在我們自己身上。只要向大自然學習，我們就可以獲得一切。

傳說某一天，上帝和天使們在天堂一同腦力激盪。上帝說：「我要人類付出一番努力之後才能找到幸福快樂，所以該把人生幸福快樂的秘密藏在什麼地方比較好呢？」

一位天使說：「藏在高山上，這樣人類肯定很難發現，非得付出很多努力不可。」

上帝聽了搖搖頭。

另一位天使說：「把它藏在大海深處，人們一定發現不了。」

上帝聽了還是搖搖頭。

又一位天使說：「我看哪，還是把幸福快樂的秘密藏在人類的心中比較好，因爲人們總是向外尋找自己的快樂幸福，從來沒有人會想到從自己身上去挖掘這幸福快樂的秘密。」

上帝聽了這個答案非常滿意。

就這樣，幸福快樂的秘密從此就藏在每個人的心中。

有些人似乎缺少面對失敗的勇氣，從而逃避一切可能的改變。其實，這樣的人眞是太有勇氣了，難道不是嗎？他們非常有勇氣安於現狀；他們說自己沒有自信，其實就是在自信地說「我沒自信了」；有些人說自己很難戰勝自己，其實他已經戰勝了自己，不是嗎？他已經輕易就說出了「我戰勝不了自己」；有些人說自己沒有了熱情，但是他卻非常熱情地玩遊戲、逛街、睡懶覺、打麻將……又比如說謙虛、上進、合作精神、積極的態度，還有愛心，這些都是成功快樂的特質，它們幾乎可以在每個人的身上發現，只是我們自己沒有把這些「成功快樂的資源」應用好而已！

我們從小到大都有過成功快樂的經驗，都有使自己成功快樂的能力，而且我們知道人類只用了大腦潛能的極少部分；提升大腦的作用，開發自身潛能，可以出現很多新的突破。每個人都可以改變思想、情緒和行爲，進而改變自己的人生。我們每天遇到的事物，都包含了成功快樂的因素，對它們的取捨全由我們自己來決定。因爲所有的事物和經驗裡面，正面和負面的意義同時存在，把事情和經驗轉爲絆腳石或踏腳石，由你自己決定。那些感到成功快樂的人，他們所擁有的思想和行爲能力都是經過培養的。開始的時候，他們與其他人所具備的條件是一樣的，情緒、壓力或困擾是由自己內心的價値觀產生出來，而不是來自外界。有能力給自己製造困擾的人，也一定有能力消除困擾。

最難戰勝的是自己，如果你能戰勝自己，超越自我，找回自己，那你就找到了人生成功、快樂、幸福的眞諦！成功快樂的最有效保證就是相信自己。

相信自己，你就已經成功了一半。如果你堅守信念，那麼你就可以到達快樂、幸福的彼岸！

快樂，是一種生活態度。快樂，是一種心緒。如果我們能常常想一下生活中的美好，就會找到生活中的動力。當我們意識到自己的價値時，就會有充足的勇氣、力量和信心去面對所遇到的一切。

命運就掌握在我們自己手中。也許你偶爾也會做出錯誤決定，所以煩惱和痛苦也可能降臨到你的身上。你如果失敗了，就應該認眞記取教訓。不要灰心氣餒，你不會總是這樣，情況是會改變的。你如果從此一蹶不振，那生命就不會再有驚喜和歡樂了。

想要使自己成爲快樂的人，我們首先必須工作，有値得付出心力的工作，就會使人快樂。有人曾給患憂鬱症的病人開過一個處方，讓他每天想辦法工作，想辦法使他人歡喜，結果患憂鬱症的病人只在十四天內就痊癒了。其次是必須充滿想像，對未來充滿希望，始終保持童心，並懂得自得其樂。第三是要心中有愛——就是那種無私的、不計報酬的愛。第四是要有能力，要有助人爲樂的本事。只有這樣做的人，世人才會給我們最美妙的報酬，就是所謂的「予人快樂，予己快樂」。

烏雲總會散去，陽光依舊明媚！許多美好的東西並沒有伴著歲月的匆匆失去，只是變換了一種方式而已，無論怎樣，我們要做快樂的自己，享受生命中的每一天！

天眞爛漫的孩童總是好奇的看這個世界，心裡渴望著早點長大。事實上，我們的年紀愈大，對這個世界的瞭解愈多，卻發現自己愈來愈不快樂了。因爲我們心裡裝著許多的煩惱，變得多愁善感，所以那些傷感哀惋的音樂、淒美動人的故事，總能打動我們的心。我們之所以被打動，不單是因爲同情別人，也是因爲可憐自己……

之所以不快樂，是因爲我們的心中藏著青春年少時的秘密，那些秘密關乎尊嚴、自信，甚至親情、愛情，我們牢牢的記憶，只是為了記住那些傷痛，不肯原諒別人或自己，不斷地在心理和身體上折磨自己。

我們之所以不快樂，是因為現實總是那麼不盡人意，學習、工作、生活的煩惱常常不期而至，總是一波未平一波又起。我們遠遠的躲避，只是為了逃開束縛，讓心靈得到解脫。如果我們仍然不快樂，是因為我們對生活期望太高。

快樂其實很簡單，你只需像個小孩子一樣，專注於現在，只活在當下。過去的我們無法改變，將來的我們不能掌控，我們能做的只有把握現在，盡力去做，問心無愧地去活。快樂由自己決定，搜尋生命中的美好就能感到快樂，而不是專注地盯著那些不足。生活中的遺憾只是提醒我們要更加珍惜生命。

只要自知，就能找出快樂。成熟的人能把握住自己快樂的鑰匙，快樂不能期待別人給予。凡事不要奢望，世界不會為我們每個人而改變，需要改變的是我們自己。人生如白駒過隙，它在我們一個轉身的瞬間，就悄然溜走，我們只能善加利用。

快樂是坐看雲捲雲舒、笑對潮起潮落的坦然，快樂是一種心態，擁著一份平和，保有一份從容，只要你想要，快樂就在身邊。

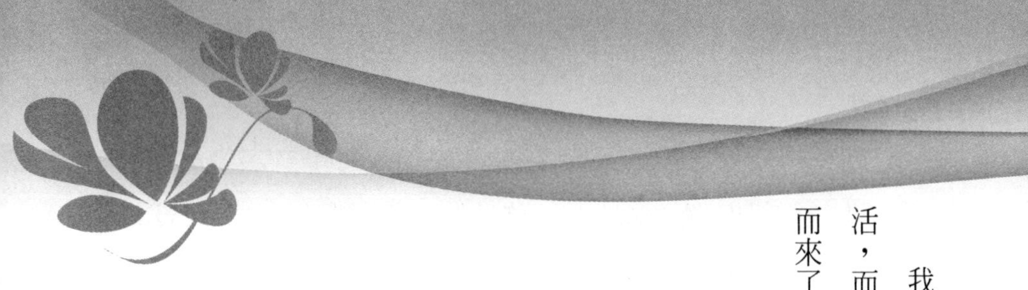

我們要做快樂的自己，並把這份快樂傳達給身邊的每一個人。我們需要快樂的生活，而不是生活的快樂。我們在生命的旅途中享受快樂，心靈自由了，快樂也就隨之而來了。

4．時間就是你的財富

一九九八年，南美的一名電腦駭客透過網際網路侵入瑞士的戶籍系統，想把自己剛出生的獨生子登記爲瑞士公民。在塡到表格中的「財富」欄時，他隨手登錄了「三．六萬瑞士法郎」。不到三天，瑞士當局就發現了這位假公民。因爲所有的瑞士人在爲出生的孩子申報財產時，寫的都是「時間」二字。瑞士人認爲，對一個剛出生的孩子來說，他所擁有的財富，除了時間之外，再不會有其他的東西。

時間，對每個人來說，都是一種與生俱來的寶貴財富。只要擁有時間，你就擁有希望，擁有機遇，擁有人生最初而又最有價值的東西。儘管你什麼都失去了，但只要你擁有時間，就可能重新獲得一切；倘若你什麼都擁有了，卻失去了時間，那麼，一切的浮華對你也就不再有什麼意義。

有的人感慨生命短暫，於是拼命追求個人名利。追求名利本是個深不可測的陷阱，你一旦在追逐與爭鬥中摔得粉身碎骨，那就悔之晚也；追求名利的人，他的生命就像天空中的流星一樣，轉瞬即逝，不會留下任何光彩。有的人感到時間緊迫，於是奮發圖強，珍惜時間，超越生命，這才是積極向上的生活態度，這種人是生活的強者，他們把時間看得那麼寶貴，是因爲他們熱愛生命。對他們而言，生活非常充實。一個懂得珍惜一分一秒的人，他的財富總會比別人多。

時間應該算是這世上最無情的，時間每天在「滴答」聲中流逝，它不會爲誰停留，更不會爲誰倒轉。你如果夠聰明又懂得珍惜，你就是時間的主人，它將是你最大的財富；但如果你虛度光陰，那時間就是你的主人，在你漫不經心的時候，屬於你的財富已經悄悄溜走，等你想要回首去追，你已經追趕不上，因爲它已走得很遠了。

一個男人在富蘭克林報社前面的商店裡猶豫了一小時後，終於開口問店員：「這本書多少錢？」「一美元。」店員回答。

「一美元？」他又開口問，「你能不能少算點？」「它的價格就是一美元。」沒有別的回答。

他又看了一會兒，然後問：「富蘭克林先生在嗎？」「在。」店員回答，「他在印刷室忙著呢！」「那好，我要見見他。」他堅持要見富蘭克林。於是，富蘭克林就被找了出來。他問：「富蘭克林先生，這本書你能賣的最低價格是多少？」「一美元二十五分。」富蘭克林不加思索地回答。「一美元二十五分？你的店員剛才還說一美元一本呢！」「沒錯，」富蘭克林說，「但是，我情願倒貼你一美元也不願意離開我的工作。」

這個男人很驚訝，他心想，算了，結束這場自己引起的殺價吧！於是說：「好，這樣，你說這本書最少要多少錢吧！」「一美元五十分。」「又變成一美元五十分？你剛才不是說一美元二十五分嗎？」「對。」富蘭克林冷冷地說：「我現在能出的最好價錢就是一美元五十分。」

這個男人慢慢地把錢放到櫃檯上，拿起書走了出去。著名的物理學家和政治家富蘭克林給他上了終生難忘的一課：對於有志者，時間就是金錢。

齊藤竹之助認爲，時間是寶貴的，時間就是金錢。他非常珍惜時間，對於工作，他還摸索出了六條有效利用時間的方法——

第一：與顧客共進午餐。獨自一人吃飯是最浪費時間的，與顧客共進午餐，可以使雙方的交談在比較融洽的氣氛中進行，容易達到預期效果。另外，還可以從顧客那裡學到不少的東西，進而不斷提高自己的素養。

第二：利用等待顧客的時間讀書學習。他利用等客戶的時間看一些資料，觀察所在的環境，並且根據環境來分析客戶的性格、愛好、財力、修養等等，爲稍後的交談做好準備。

第三：做好充分的工作安排。行銷工作需要準備大量的資料，他認爲這些工作要在前一天晚上先做好準備。

第四：合理地運用交通工具。他去拜訪客戶時，走哪一條路線，坐什麼車……他都會計劃好，避免在交通上浪費時間。在車上，他還可以看一些資料，思考、推敲銷售方案，或可以記住街區情況、路旁建築物、商鋪位置、大型廣告牌上的企業名稱、地址、及電話。

第五：在拜訪顧客之前，預先將客戶的所有情況調查清楚。

第六：準備不充分時不能去拜訪顧客。要做好充分的準備，確定了行銷方針之後再去拜訪客戶，就不會因爲準備不足而白跑一趟。

齊藤不僅在工作上，即使是旅遊，也很懂得利用時間。有一次，他去某市旅遊，抵達旅館時已是半夜。次日清晨六點，大多數人都還在睡覺，他已經起床到旅館周圍散步了。有人問他：「那麼晚才睡，又起得這麼早，不累嗎？」

他回答說：「不。每到一個地方，我就想，來一次不容易，也許以後時間不允許我再來這裡，所以要把握機會，能看的儘量多看些，能聽的儘量多聽些。雖然有點累，但我心中充滿了新鮮感和求知欲，我感到非常快樂。把大好時光白白浪費，渾渾噩噩地過日子才是最可悲的！」

俗話說得好：「一寸光陰一寸金，寸金難買寸光陰。」對於科學家和企業家來說，時間就是金錢，但是對有些人來說，時間就多到不知如何打發。

我們的一生都在和時間競賽，如果你做不了它的主人，那麼它就會做你的主人。我們如果在時間上領先別人一步，就可能節節勝利。時間就是效率，時間就是生命，時間就是財富。

比爾．蓋茲說：「快速、加速、變速就是這個資訊時代的顯著特徵。誰慢就可能會被吃掉。搏擊時以快打慢，軍事上先下手爲強，商戰已從『大魚吃小魚』變爲『快魚吃慢魚』。」

在比爾．蓋茲看來，在最快的時間內做最好的東西，這就是競爭的實質。人生最大的成功，就是在最短的時間內達成最多的目標。品質是「常量」，經過努力誰都可以做好；而時間永遠是「變數」，一流的品質可以有很多，而最快的冠軍只有一個。我們之所以慢，不是因爲我們不快，而是因爲對手更快。

生活中，如果你將時間管理當成比賽，就會讓你受益無窮！你應該像優秀的跨欄選手一樣，速度更快、更好，還不能把柵欄碰倒！

想要做強者，首先就要做一個懂得管理時間的人。揮霍時間就是揮霍生命。揮霍金錢不是最大的浪費，揮霍時間才是最大的浪費。不要忽視生命中那短短的一分或一秒，也許在那一分或一秒裡，就有改變你一生命運的良機。

雖然你的財富無法和比爾．蓋茲比，但有一樣東西你和他擁有一樣多，那就是時間。時間對每一個人都是公平的，不論富人或窮人，男人或女人，聰明的或不聰明的，大家每天都是二十四小時，絕對不會有誰多一分或少一秒。

但是人們對時間的使用卻是最不公平的，有人懂得珍惜，而有人暴殄天物，讓時間隨意溜走……

浪費時間就等於謀財害命。因爲誰都無法回過頭去，找尋無意中浪費掉的哪怕是一分鐘的光陰。

每個人都有足夠的時間做必須做的事情，至少是最重要的事情。然而，有人在同樣的時間內卻能做更多事情，不是因爲他們有更多時間，而是他們能更好地利用時間，凡是惜時如金的人都是有所成就的人。

時間，是眞正做大事的人從來不願耗費一點一滴的寶貴資本。

懂得節省時間，是對生命的尊重。揮霍時間，比揮霍金錢更可恥。管住了時間，就管住了一切，管住了自己的未來！

5．誰是聰明人

聰明和精明是我們常用的語詞。在評價某人時，我們常會說：「這個人很聰明。」或是，「這個人很精明。」

聰明與精明，聽起來差不多，但是仔細分析，它們的涵義卻大不相同。外露的是聰明，藏於內的是精明。聰明人如果不精明，大多是會碰壁的。精明人善於和各種人打交道，因爲他們會算計，往往胸懷韜略，具有領導的能力。

聖人的後裔孔融，非常聰明，從小就知道將大梨讓給哥哥吃。十歲時，他在洛陽一位名人家裡做客，在座的人都誇他很聰明，一個大官卻說：「小時候聰明，長大不一定好。」聰明的他立即還嘴說：「看來，您小時候一定很聰明了！」把那位大官搞得十分尷尬。孔融長大後因文章蓋世而被列爲「建安七子」，受曹操重用。孔融雖然聰明過人，卻不懂內斂，常以文章譏諷時事，終於惹怒了曹操，被曹操殺了。所以，我們只能說他聰明而不能說他精明。

精明人分做兩種，一種是一心爲著社會和事業的人，他們往往能成就一番事業；

另外一種只把精明用在圖利自己，聰明反被聰明誤。

人活一世，草木一秋。一個人的大聰明、大智慧不完全侷限於一事一物、一個領域，而是關於個人一生的學問。許多人在學校中掌握了大量的知識，在工作中累積許多技能、經驗，他們可以解決工作中的問題，擁有各種職稱頭銜，卻領悟不到生命的眞諦，只是永遠埋首於無休無止的物質追求中，無法讓心靈得到片刻安寧，無法領悟生命的愉快。

生命的終極意義其實僅是「快樂」二字，其他所有的才幹、知識、學歷都只是手段。每天都開心微笑的人才是最聰明的人，無論他們的身分如何。

美國總統艾森豪威爾的母親是一個和平主義者，儘管她打從內心不願自己的兒子從軍，但她並沒有阻攔。母親書讀得不多，卻是個開明、果敢、勤於思考、悟性極高的奇女子。就在艾森豪前往西點軍校之前，母親只告訴他：「發牌的是上帝，不管怎樣的牌，你都必須拿著，你能做的就是盡全力打好你手裡的牌，求得最好的結果。人生同樣如此。」母親的話影響艾森豪的一生。從此，無論碰到什麼樣的困難，艾森豪都以積極向上的態度去面對，盡自己的所能去做好每一件事。

艾森豪的聲譽因爲諾曼地登陸的勝利，達到了頂峰。一九四八年，他退役後任哥倫比亞大學校長，兩年後參加共和黨總統競選，走向權力的最高層。

在競選的關鍵時刻，艾森豪找母親商量。母親告誡他：「能控制自己感情的人，比拿下一座城市的人更偉大。」

有智慧的母親教出了聰明卓越的兒子。

在紐約曼哈頓街角上，有一個總是笑臉盈盈的賣花老太太。別人問她爲什麼總能笑口常開，她說：「爲什麼不呢？一切都這麼美好。耶穌被釘在十字架時，是全世界最糟糕的一天，可是三天後就是復活節。所以當我遇到不幸時，就會等上三天，一切就恢復正常了。」

一個擁有多種顯赫頭銜的人就一定比一個普通百姓聰明嗎？不見得！專業領域的知識累積未必是聰明與智慧。

我們經常認爲，一個人受過很高的教育，獲得很高的文憑，或者在某一方面成績突出，他就比別人聰明。於是，在這種價值觀念的驅使下，我們一刻不停地埋首於無窮無盡的知識海洋。直到有一天我們才發現，自己雖然擁有了知識，卻不知道怎麼生活。

事實上，能否無時無刻都擁有眞正的幸福快樂，才是衡量一個人智力更切實際的標準。如果你能根據自己的實際條件，尋求屬於自己的幸福，充分利用和享受生命的每一分鐘，那你就是一個聰明人。當我們面對難以解決的困難，仍然能夠使自己保持精神愉悅，或至少做到不讓自己不愉快，那麼，這也是一種智慧。事實上，聰明的人懂得享受生活，他們甚至可以苦中作樂，而愚蠢的人也許有能力解決問題，卻無法在生活中找尋快樂。

大聰明、大智慧就是關於人生的學問，而不完全侷限於一事一物，或一個領域。

在莎士比亞的筆下，聰明人與傻瓜的區別和界限，實在令所有自以爲聰明的人感到不知所措。事實上，何止莎士比亞的劇中人如此，就是在現實生活中，又有誰能毫不費力地判斷出誰是聰明的傻瓜，誰又是愚蠢的聰明人呢？

現代人都太精明，殊不知，有時候「傻」才是人生的大智慧。莎士比亞以其獨特的眼光告訴人們，「傻」並不代表愚蠢和無知，其實這種「傻」代表著出於自然的天眞率直以及超凡的靈感，這種「傻」才是最大的聰明。有的人過於老成世故，總是盡可能地表現自己的「成熟」和「克制」，從來不在別人面前流露眞情，他們與這樣的「傻」無緣。他們整天想著怎樣算計別人，以及怎樣防止被別人算計，這些「聰明人」沒有一個是可以眞心誠意交流的，他們的心胸狹窄到不敢相信任何人、難以容納任何不同觀點。與那些天眞率直的「傻瓜」相比，這些「聰明人」活得更辛苦，他們永遠都體會不到「傻瓜」的輕鬆和幸福。

「聰明人」以小聰明爲自己套上了沈重的心靈枷鎖，他們爲什麼要讓自己活得那麼虛僞、那麼疲憊呢？在莎士比亞看來，那些給自己套上心靈枷鎖的所謂「聰明人」，才是眞正的傻瓜，難道不是嗎？他告訴我們，要培養內心的傻子，去挑戰世俗的聰明，跳出常規去思考問題，做一個輕鬆快樂的「傻瓜」，這些只有智者、勇者才能做到。

有一些人喜歡自以爲是，經常講些大道理來掩飾自己的煩惱；他們看到別人的過失，便認爲自己絕對不會犯類似的錯誤。如果你有此心態卻想獲得好德行，那將非常困難。

努力看清自己的過失，這是聰明的第一步。所學的一番道理，用來審視他人是非常容易的，但是用來反省自己卻非常困難——你需要的是自省。任何的不如意、不開心，都代表你心中有煩惱，否則你怎會在乎這些呢？所以首先要改進的永遠是你自己，不要批評、埋怨他人，如果我們能夠時時檢視自己，並且用寬容的心包容別人的過失，才有可能對別人發揮正面的影響力。

眞正的大智若愚者，一定不會直接展示其本身聰明的特質，反而會以謙和的態度與人爲善！

有兩個人，一個叫阿聰，一個叫阿笨。

有一次，阿聰說：「我們來打賭吧！誰問一樣東西，對方不知道，就輸一萬元。」阿笨說：「你比我聰明多了，這樣賭我會吃虧的。要是我問你，你不會，你輸給我兩萬元；你問我，如果我不知道，輸給你一萬元。」

阿聰自認爲比別人聰明，以往的經驗告訴他，自己不會吃虧，於是答應了。阿笨問道：「什麼東西三條腿在天上飛？」阿聰因爲答不出來，所以輸了兩萬元。之後，他問阿笨答案。「我也不知道。」阿笨老實承認，「這一萬元給你。」

不要認爲自己聰明過人，對手有時會在你不經意時勝你一籌。

6．你看不見的財富

快樂或痛苦不完全取決於我們得到了什麼，而在於我們用心去感受到了什麼。

即使我們再孱弱，再貧窮，再普通，我們仍具有令別人羨慕的優勢。那些有夢想卻沒有成功的人，不是缺少才能，而是對自身的才能缺乏認知，不知開發利用自己的人生價值。

信用也會成爲我們看不見的財富，時間越久，這筆財富就越珍貴，而欺騙只會透支我們的財富。

生活中，人們總喜歡找藉口爲自己的懶惰和懈怠辯護。其實，這種辯護只不過是一種自欺欺人的做法。

噴泉的高度總是超越它的源頭，自信就好像這源頭，只有足夠的自信才能保證我們的人生達到更高境界。

克里姆林宮有一位盡職盡責的老清潔工，她曾說過：「我的工作和葉爾欽的工作差不多，葉爾欽是在收拾俄羅斯，我是在收拾克里姆林宮。我們每個人都在努力做好自己的事。」她說得那麼輕鬆、坦然，令人感動，也令人深思。

這位在克里姆林宮工作的老清潔工，在達官顯貴面前是地位低下的平民百姓，可是她並不自卑，還幽默地把自己的工作與總統的工作相提並論，可見她的心胸多麼豁達與坦蕩。一國之君也好，一介草民也罷，他們都在做自己該做的事。這位老清潔工每天都在認真收拾紅牆內的灰塵和垃圾，同時一併清掃掉散落在心頭的苦悶和迷惘。我們也應像她那樣學會坦蕩從容。

美國前總統柯林頓的夫人希拉蕊在剛出版自傳時，被美國有線新聞節目主持人譏諷，說她的書賣不到十萬冊，那位主持人還聲稱「如果希拉蕊的書賣到十萬冊，我就吃掉自己的鞋子」。希拉蕊對這種無禮既不爭辨，也不憤怒，只是一笑置之，靜靜等待著，直到銷售量突破了十萬冊。希拉蕊隨後寄給那位主持人一本自己的新作，上面寫著第十萬冊後的第一本，同時附上一塊鞋狀的巧克力蛋糕。一切不快就在一瞬間化解了。坦蕩是成功最好的明證。

人總是缺什麼便想什麼，卻對身邊擁有的財富視而不見。殊不知，今天的失敗、逆境的磨練，就是一筆很珍貴的財富。

「我哪有什麼錢啊？買不起車，買不起屋，沒有多少錢，日子過得緊巴巴的，你看別人家。」

從這句話，可以想像得到說話的人酸溜溜甚至是憤怒的表情：「財富，哼！我簡直是一無所有。」其實，這個人錯了。第一，今天沒有賺到很多錢，並不意味著明天你也不能夠賺到很多錢，你有這個能力和本事，就一定會有成功的可能；第二，財富不單只是金錢，金錢只是財富中比較直觀的一種而已。

人的一生起伏不定，就好像潮起潮落，在浪頭風光時，要看見落到潮底的危險性；在潮底的時候，則應有向高峰衝刺的信心和行動。林肯的一生很坎坷，在他屢受挫折時，誰又會相信這位鞋匠的兒子能成爲歷史上最偉大的總統之一？當年比爾・蓋茲中途輟學時，誰又會想到他能成爲世界首富？

世界上什麼樣的奇蹟都有可能發生，但是前提只有一個——活著，充滿信心，努力行動。我們今天所擁有的一切就是我們重要的財富，一定要萬分珍惜它們！你如果沒什麼大出息，可是妻子照樣愛你，孩子一樣崇拜你，房子不大，家卻溫暖——這是終生值得珍惜的親情財富。也許你沒有發財，但沒去偷、去搶、去騙、去胡作非爲，而是勤儉持家；也許你不富裕，可還是樂於助人，鄰里關係融洽，同事朋友們喜歡與你在一起……這些善良品德、氣節操守、爲人處世的風格都是你彌足珍貴的財富，它們終究會給你一份回報。

抱怨表示你對現狀有所不滿，你試圖努力改變，你在追求自己想要的東西。這種欲望、上進心，一樣也是財富。人們常說：「苦難是最好的大學。」古今中外，凡成就大業者，哪一個不是從苦難中走出來的。

看看我們擁有如此多的財富，我們簡直就是人生的大富翁，我們可以在現在擁有的財富基礎上再去賺取，但千萬不能用它們去交換金錢。

7．為自己鼓掌

每個人都需要掌聲。掌聲能給人褒獎，給人激勵，給人再創造的活力；面對困難和考驗，掌聲能給人信心，給人勇氣，給人奮進的動力。掌聲就是一種肯定，一種鼓勵，同時也是一種尊重。因此，我們要學會鼓掌：爲別人鼓掌，爲自己鼓掌，爲豐富多彩的人生鼓掌。

許多人時常慨歎：「知音難求！」何爲知音，知音難道不是人生中的鼓掌者？

俞伯牙當年輕奏《高山流水》時，鍾子期爲之高聲喝彩。於是鍾子期便成了俞老先生的知音。高山流水不斷，流傳著一曲千載稱頌的金蘭之交的讚歌。人生就如同開放在郊外的野花，掌聲猶如陽光雨露，滋潤著每一葉花瓣，激勵著每一個孤獨無助的行人。

有一個街頭賣藝者，他的琴聲悠揚，令人感動，吸引了不少行人。當他拉完一曲後，周圍的人紛紛向錢罐裡丟錢，一眨眼的工夫，罐子已經被錢裝滿了，但那個人臉上並沒有一絲欣喜的笑容。後來，一個行人抬起手來爲之鼓掌，賣藝人的眼裡溢出了感激的淚水。賣藝者尋求的是知音，期待的是掌聲。

人生也需要掌聲，因爲掌聲比恩賜、比金錢更爲重要……

當我們失落喪氣時，希望有人給我們勇氣；當我們猶豫徬徨時，希望有人給我們指點；當我們潦倒窮困時，希望有人給我們熱烈的掌聲。是的，我們時時刻刻尋找著知音，尋找著精神世界的同路人。只有這樣，我們才不至於絕望。

沒有掌聲的演出是可怕的；沒有掌聲的人生是可悲的；人生缺少了掌聲，只剩下英雄垂淚的結局。就如同當年的屈原，世人皆濁唯他獨清，世人皆醉唯他獨醒，有心報國卻沒有回天之力。沒有掌聲，沒有理解，終於，他熄滅了希望之火、生命之燈。

人生的掌聲永不能停息，它激勵著人們去追求靈魂的高尚與完善，掌聲比名位、比金錢更爲重要。

讓我們的掌聲響起來吧！我們的人生需要掌聲。

有人認爲，做人應該謙虛，只能爲別人喝彩、爲別人鼓掌才是，怎麼會有自己爲自己鼓掌的道理呢？即使做出了驚天動地的成績，也應該時時刻刻謙虛謹慎，不要有點成績就尾巴翹得比天還高，說話口氣比誰都大。

其實，人生就像是一個大舞臺，臺下會有許多雙眼睛看著你的一舉一動。如果你的表演非常精彩，臺下自有很多掌聲回報你。如果你以成功者的姿態站在人生舞臺上，掌聲會爲你而響起。可是，一個人要想在人生舞臺上分分秒秒地演成功者，時時獲得掌聲，處處擁有鮮花，恐怕比登天還難。

當你置身於「山窮水盡疑無路」的困境時，就要爲自己鼓掌來增強勝利的自信。你應該在每個人生驛站，爲自己鼓掌。即使自己的掌聲有點微弱，但它也會爲你增添信心、鬥志和豪情。人要學會自己照顧自己，自己激勵自己。要做到這一點，你就必須在生活中不斷地爲自己鼓掌。

爲自己鼓掌可以讓自己走出逆境。有了自己的掌聲，你就會讓自己遠離流言蜚語，給自己一個明澈的心境；爲自己鼓掌，你就會在自己的掌聲裡燃起希望的火種。

爲自己鼓掌可以讓自己多一份榮耀，少一份自卑。自卑會讓你永遠不思進取，不思開拓，在自我折磨中毀掉自己的一生。多了一份自我欣賞，你就會激勵自己去奮鬥，什麼苦都可以吃，什麼累都承受得住。人生多磨難，爲自己鼓掌，我們的人生之路才會越走越寬廣，越走越坦蕩。

要記住，你就是自己生命中最好的欣賞者，不要在意別人的目光。

在沒有掌聲的時候，爲什麼不爲自己鼓掌呢？在沒有鮮花的時候，爲何不爲自己獻上一束鮮花？在沒有人爲我們喝彩的時候，爲什麼不爲自己叫聲「好」呢？

我們有理由爲自己鼓掌，因爲我們在渴望成功的日子裡，曾克服了多少困難，爬過多少荊棘叢生的道路。爲了到達成功的彼岸，我們也曾把自己弄得遍體鱗傷……這一切，別人並不一定能全部看到，別人看見的只是我們最後的成功或失敗！

爲自己鼓掌，是爲了鼓勵自己重頭再來，鼓勵自己以更高昂、更飽滿的精神去爲下一個機遇拼搏，而不是在失敗的時候自憐自艾。

國家圖書館出版品預行編目資料

我是誰？我在做什麼？／劉明凡著.
——第一版—— 臺北市：知青頻道出版；
紅螞蟻圖書發行，2011.7
面　公分——
ISBN 978-986-6276-94-1（平裝）

1.自我肯定 2.生活指導

177.2　　100012320

我是誰？我在做什麼？

作　　者／劉明凡
美術構成／Chris' office
校　　對／周英嬌、楊安妮、朱慧蒨
發 行 人／賴秀珍
榮譽總監／張錦基
總 編 輯／何南輝
出　　版／知青頻道出版有限公司
發　　行／紅螞蟻圖書有限公司
地　　址／台北市內湖區舊宗路二段121巷28號4F
網　　站／www.e-redant.com
郵撥帳號／1604621-1　紅螞蟻圖書有限公司
電　　話／(02)2795-3656（代表號）
傳　　真／(02)2795-4100
登 記 證／局版北市業字第796號
港澳總經銷／和平圖書有限公司
地　　址／香港柴灣嘉業街12號百樂門大廈17F
電　　話／(852)2804-6687
法律顧問／許晏賓律師
印 刷 廠／鴻運彩色印刷有限公司
出版日期／2011年 7 月　第一版第一刷

定價 200 元　港幣 67 元

ISBN 978-986-6276-94-1　　Printed in Taiwan